艺术导论

第二版

姜松华 著

INTRODUCTION TO ART

中国电力出版社

内容提要

艺术源于生活又高于生活，其不仅可陶冶情操，更可培养人的想象力与创造力。《艺术导论》一书以提高大众审美、普及艺术知识为编写目的，书中用生动的语言、独特的视角带领大家走进不同的艺术世界，其内容涉及绘画、文学、书法、设计、表演、影视、艺术创作等众多领域，通过分析一些代表性的艺术作品或大众现象，讲解艺术思维的方法，引领读者以一种新的观察与体验方式感知世界。在第二版中，作者对艺术的起源、定义与本质，以及特征与功能做了重点修订，更加注重艺术与不同学科间的交叉性，以及其在素质教育中的作用，同时大量更新了书中的图片。本书适合作为高等院校艺术素质教育相关课程教材及艺术专业理论基础课教材，同时也适合广大艺术爱好者阅读与收藏。

图书在版编目（CIP）数据

艺术导论 / 姜松华著. — 2版. — 北京：中国电力出版社，2022.2
ISBN 978-7-5198-6349-4

Ⅰ. ①艺… Ⅱ. ①姜… Ⅲ. ①艺术理论－高等学校－教材 Ⅳ. ①J0

中国版本图书馆CIP数据核字（2021）第274068号

出版发行：中国电力出版社
地　　址：北京市东城区北京站西街 19 号（邮政编码 100005）
网　　址：http://www.cepp.sgcc.com.cn
责任编辑：王　倩（010-63412607）
责任校对：王小鹏
装帧设计：锋尚设计
责任印制：杨晓东

印　　刷：三河市万龙印装有限公司
版　　次：2022 年 2 月第 2 版
印　　次：2022 年 2 月第 4 次印刷
开　　本：880 毫米 ×1230 毫米　32 开本
印　　张：9
字　　数：328 千字
定　　价：38.00 元

序

　　2002年，中华人民共和国教育部颁布第13号令，要求在全国院校开展艺术教育工作。文件指出：艺术教育是学校实施美育的重要途径和内容，是素质教育的有机组成部分。通过艺术教育，使学生了解我国优秀的民族艺术文化传统和外国的优秀艺术成果，提高文化艺术素养，增强爱国主义精神；培养感受美、表现美、鉴赏美、创造美的能力，树立正确的审美观念，抵制不良文化的影响；陶冶情操，发展个性，启迪智慧，激发创新意识和创造能力，促进学生全面发展。进入21世纪以来，艺术素养的培养在当今教育领域显得十分重要。科学与艺术是一对分不开的双胞胎兄弟，正如诺贝尔物理学奖获得者李政道博士的一段简洁而精辟的描述："科学和艺术是不可分割的，就像一枚硬币的两面。它们共同的基础是人类的创造力，它们追求的目标都是真理的普遍性。"

　　科学与艺术具有相似的审美和灵感，我们可以发现，历史上的许多科学家同时也是艺术家，一些在科学领域取得过突破性贡献的科学巨匠们，都显示出在诗歌、音乐、文学等艺术方面的特殊才能。爱因斯坦的儿子评论他父亲说："与其说我的父亲是物理学家，不如说他是一位艺术家。"爱因斯坦的音乐造诣颇深，他说："在技艺达到一个出神入化的地步后，科学和艺术就可以很好地将美学、形象和形式方面结合在一起。伟大的科学家也常常是伟大的艺术家。""物理给我知识，艺术给我想象力。知识是有限的，而艺术开拓的想象力是无限的。"科学家钱学森认为："一个有科学创新能力的人不但要有科学知识，还要有文化艺术修养。"钱学森学的理科，但同时也学绘画和音乐，他不仅是卓有建树的科学家，同时在音乐、绘画、摄影等方面都有较深的造诣。他认为把科学和文化艺术结合起来，方能开拓创新思维，使思路更开阔，思维更敏捷。

同时，艺术家也与科学结下不解之缘，意大利文艺复兴时期三杰之一、画作《蒙娜丽莎》的作者达·芬奇更是集艺术家、科学家、发明家于一身。他几乎涉足了科学的各个领域，他所开创的人体解剖学，可以说为 21 世纪的生命科学奠定了基础；他所发明的"暗箱"，是现代摄影的前身；他所构思的飞行器、兵器、城市排水系统等，奇迹般地显示出人的创造能量；创造出电报的是曾经的美国画家莫尔斯；创造出胶片摄影的是法国画家与化学家等。同时是政治家与艺术家的也不乏其人，如宋徽宗赵佶创造了书法中的瘦金体，第二次世界大战时的英国首相丘吉尔擅长风景油画，臭名昭著的希特勒如果被美术学院录取也许会改写世界近代史，美国总统里根曾是好莱坞演员等。色彩科学的研究发展促进了印象派艺术的诞生，三维科技造就了现代影视业，而科学技术的发展同样离不开艺术。

2001 年 6 月在中国美术馆举办了"艺术与科学国际作品展"，摆放在美术馆门口的一座高达 7 米、名为《物之道》

的钢质雕塑作品，在参加展览的 16 个国家的 500 多件艺术品中格外引人注目。它由著名物理学家李政道创意、清华大学美术学院两位老师创作设计，是一件由钢管螺旋而成、外圈发散内圈收敛、表面凹凸不平的雕塑作品，通过钢管表面螺旋和凹凸的变化表现出正负粒子相撞的科学魅力，进而体现宇宙大而无极，小而无类的玄妙。而艺术家吴冠中也根据科学家发现的蛋白质结构创作了大型雕塑《生之欲》。这两件作品体现了物质与生命的美与力量，体现了科学与艺术的共融。

　　艺术修养是每一位当代大学生所必备的知识储备，逻辑思维训练人的左脑，而艺术培养的形象思维开发右脑，大脑的同时训练有助于青年人的健康成长。增进艺术修养有利于综合塑造完整的人格力量，同时也会使我们的生命更加充实和富有意义。大学期间，学生们不仅要学好专业知识，更重要的是培养健全的人格，做一位有思想、有修养，毕业后即能融入现代社会的当代青年。《艺术导论》一书的编写目的就在于通过基础的艺术知识普及促进大学生艺术修养和综合素质的提升。

三江大学教授　姜松华

目录

探讨艺术问题不能回避对艺术本质的研究，从对艺术起源的不同观点到对艺术本质的众说纷纭，似乎无从定论。但可以肯定的是，艺术的本质就像艺术本身一样是具有多样性的，任何唯一的定论都是片面的。从某些方面来说，正是对艺术本质理解的多元性和不确定性，才使我们对艺术的神秘充满了好奇心，从而想一探究竟。事实上，对艺术本质的理解因时代的发展、社会阶层的差异，以及每人看问题的角度不同而不同。"有一千个读者就有一千个哈姆雷特"，正是因为艺术的不确定性才有了艺术的千姿百态，才会有艺术园地百花盛开的壮丽景象。

第一章
艺术的起源、定义与本质

第一节
艺术起源的探讨

　　人类最早的造型艺术产生于距今 3 万到 1 万多年之间的旧石器时代晚期，也就是欧洲的奥瑞纳文化时期。奥瑞纳文化是欧洲旧石器时代晚期的文化，因最初发现于法国南部加龙河上游图卢兹附近的奥瑞纳克山洞而得名。关于该文化的来源有两种说法：一种认为在莫斯特文化末期时来自亚洲的西南部；另一种认为和具有阿舍利传统的莫斯特文化有关。奥瑞纳文化的艺术代表着人类艺术史上第一个完美的阶段。这个时期最早的艺术品，是在西欧发现的一些刻有简单动物形象的小石头，后来发展为在骨片和象牙上雕刻动物并创造出造型生动的泥塑动物，以及体态丰满的孕妇小塑像。1908年在奥地利村庄维伦多夫附近的旧石器时代遗址发现的《维伦多夫的维纳斯》，是一座只有 11.1 厘米高的小雕像，雕像由一块带有红赭色彩的石灰石雕刻而成。经过研究人员的不断研究，确定它制作于公元前 30000 年至公元前 25000 年，是世界上已知最古老的艺术品之一。

　　在西欧国家的一些石灰岩洞穴中，还发现了奥瑞纳文化末期的数以百计的绘画和雕刻，法国西南部拉斯科洞穴中的野马和野牛壁画是代表作。拉斯科洞窟壁画发现于 1940 年，在洞窟的主厅和两个通道的壁面和顶部描绘了大量的野牛、

《维伦多夫的维纳斯》

驯鹿和野马等原始动物。从画法和风格上来看，可能出自好几代人之手。拉斯科洞窟壁画是至今发现的人类最早的绘画。在起伏的岩壁上，原始画家用粗壮而简练的黑线勾画出轮廓，以红、褐、黑等色彩渲染出动物的体积和结构，气势雄壮，充满粗犷的原始气息和野性的生命力。主厅中一幅长达5米的大公牛是其代表作，野牛的头和身体都刻画得非常强壮有力。从绘画的熟练程度来看，当时的作画者对所画的形象十分熟悉，观察细致入微，下笔轮廓准确，壁画显示出恢宏的气势和鲜活跃动的生命活力。西班牙的阿尔塔米拉洞窟壁画发现于19世纪下半期，制作年代稍晚于拉斯科洞窟壁画。该洞窟长约270米，深邃而曲折，它包括主洞和侧洞，150多幅壁画集中在长18米、宽9米入口处，顶部描绘着野牛、母鹿、马等动物形象。最突出的是长达2米的《受伤的野牛》，它刻画了野牛在受伤之后的蜷缩状态，准确有力地表现了动物的身体结构和动态。与拉斯科洞窟不同的是，阿尔塔米拉洞窟壁画轮廓线比较细，而且有明暗向背的粗细浓淡变化，与色彩渲染结合紧密，通过动态表现动物的身体结

法国拉斯科洞窟内景（主厅）

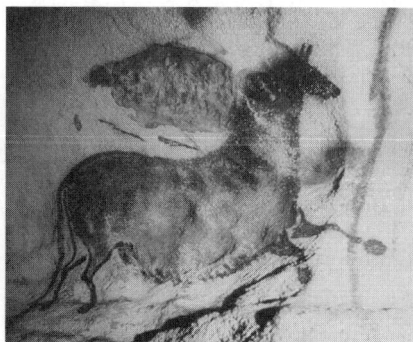

拉斯科长5米的牛

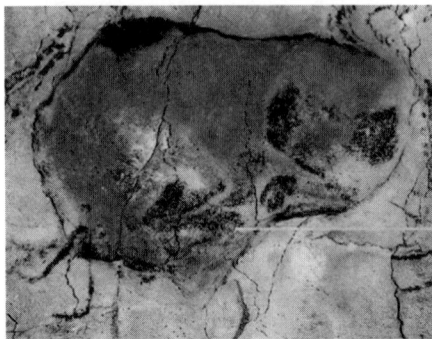

受伤的野牛，长185厘米，西班牙阿尔塔米拉洞窟壁画

构，明暗起伏更为丰富，甚至表达的感情也更细腻。

英国艺术史学家贡布里希指出："如果我们完全不了解过去的艺术必须为什么目的服务，也就很难理解过去的艺术"[1]。为什么如此杰出的画作要画在山洞的内部，原始人绘制壁画的目的是什么，是作为山洞里大厅的装饰来放松心情，还是出于某种祭祀的需要？是单纯的嬉戏娱乐，还是展示狩猎劳动的成果？于是就有了专家们各种各样的观点和争论。有关洞窟壁画的功能和内在意义，学术界历来有多种解释，有学者认为壁画画在这些不被人们注意的山洞里是为了保守群体的秘密，不让外人发现；还有的认为是原始部落的图腾崇拜，有的认为与原始人类为祈求狩猎成功而进行的巫术活动有关；还有的强调记事作用，认为洞窟壁画可能记录了当时的一些重大事件。种种解释都有一定的事实作为依据，但其中任何一种都不足以概括全部意义。美学界的这些争论就牵涉到本书将要论述的艺术的本质问题。正如德国著名美学家

---

[1] 贡布里希《艺术发展史》，范景中译，天津人民美术出版社，2006年，第17页。

席勒指出的那样"艺术的产生是人类脱离动物界的最后一个标志，也是最重要的一个标志。"[1]旧石器时代末期绘制的洞窟壁画不论出于什么目的，今天我们看到的是几万年前人类所具有的艺术天赋和聪明才智，是人类逐渐走向成熟的标志。那么，研究人类最早的艺术起源有何意义呢？事实上，学术界借以探讨艺术起源之名为引子，是想以艺术起源来佐证自己一家的有关艺术本质的观点。如持艺术再现论观点的就认为艺术起源于模仿；持艺术即表现理论的就认为艺术起源于情感表现等。究竟是何种因素导致了艺术的产生，从学术界的不同意见归纳起来主要有五个关于艺术起源的观点，让我们将它作为敲门砖，开始进行对艺术这门学科的探讨。

一、模仿说

这是一种关于艺术起源问题的最古老的理论，是西方两千多年来艺术的精神支柱，它始于古希腊哲学家。模仿学说最早的根源是一群由数学家、天文学家和物理学家组成的哲学派别毕达哥拉斯学派所提出的，认为万物最基本的元素是数，数的原则统治宇宙的一切现象。他们认为美即是和谐，而和谐是由数组成的，特定的数与数的比例造成了人心理和感觉上的和谐。艺术就是模仿数的概念，比如音乐的音调、节奏、长短音，建筑与雕刻的比例等，探求什么样的数量比才能产生美，著名的黄金分割比就是毕达哥拉斯学派发明的。

1　北京大学哲学系美学教研室编《西方美学家论美和美感》，商务印书馆，1982年，第176页。

赫拉克利特是西方早期哲学中朴素唯物主义和辩证观点的代表，是他首先明确提出"艺术起源于模仿自然"的观点；而德谟克利特则是最早从自然观点向社会观点转变的理论家。他说："在许多重要的事情上，我们是模仿禽兽，做禽兽的小学生的。从蜘蛛那里我们学会了织布和缝补；从燕子那里学会了造房子；从天鹅和黄莺等歌唱的鸟那里学会了唱歌。"[1] 柏拉图认为艺术起源于模仿，亚里士多德也认为模仿是人的本能，是人从孩提时就有的天性和本能。

除了绘画能直接模仿眼睛能看到的形象，早在人类还没有产生语言时，就已经知道通过模仿自然界声音的高低、强弱等来表达自己的想法和感情。当人们庆贺收获和分享劳动成果时，往往敲打石器、木器以表达喜悦、欢乐之情，这便是原始音乐产生的雏形。模仿说还认为原始舞蹈最初也是一种模拟的艺术，原始人为了再现他们的劳动热情或快感，往往模仿野兽的姿态和人们劳动的不同动作，由此便产生人体有节奏、有规律的舞姿。随着原始人社会生活的日益丰富，日益广泛地利用舞蹈来表达他们美好的愿望、劳动的热情和丰收的喜悦，借以解除肉体的疲劳、增加精神的快感、巩固氏族内部的团结，以及加强同自然界斗争的信心等。如今，一些土著人还保留着模仿自然的舞蹈，如爱斯基摩人时常在舞蹈时模仿和再现海豹的种种动作，北美印第安人常常跳熊舞、水牛舞以及表现种植谷物或种果树的舞蹈，澳大利亚的土著人喜欢跳袋鼠舞、划桨舞等。

澳大利亚的土著人的舞蹈

1　伍蠡甫《西方文论选》，上海译文出版社，1979年，第5页。

持有"艺术起源于模仿"理论的主要是 18 世纪前的一批学者。他们认为：模仿是人类固有的天性和本能，模仿产生快感，所以，艺术起源于人类对自然的模仿，艺术的定义与本质就是模仿。事实上，模仿的确是艺术的一个重要因素，但模仿是艺术的一个手段还是艺术的目的，是模仿事物的外表还是模仿事物的发展规律和事物的本质，在艺术起源于模仿论者中也有不同的观点，在下面的艺术再现论里我们会有详细的分析。

二、游戏说

游戏说认为艺术起源于游戏。其代表人物是席勒和英国学者斯宾塞，人们也因此把游戏说称为"席勒—斯宾塞理论"。席勒在他的《审美教育书简》中，通过对游戏和审美自由之间关系的比较研究，首先提出了艺术起源于游戏的观点，认为艺术是人精力过剩的一种游戏，并且认为游戏是人的本能："只有当以人充分是人的时候，他才游戏；只有当人游戏的时候，他才完全是人。"[1] 而这种游戏是以创造形式外观为目的、自由自在的、无任何功利性的。游戏说强调了艺术活动具有娱乐性的一面，是茶余饭后的消遣，是人过剩精力的表现。德国学者谷鲁斯和郎格也都认可艺术起源于游戏，认为艺术与游戏在本质上相同，艺术与游戏都满足与"显现"或形象，把虚构的形象看成像真实的一样，是一种"有意识的自欺或有意识的幻觉"。游戏是自由的活动，艺术也是自

1　朱光潜《西方美学史》(下卷)，人民文学出版社，1982 年，第 450 页。

由的活动，游戏和艺术是相通的。斯宾塞和席勒一样，同样认为游戏是过剩精力的发泄，它虽然没有什么直接的实用价值，却有助于游戏者的器官练习，因而它具有生物学意义，有益于个体和整个民族的生存。

京剧《龙凤呈祥》

在游戏中人的感情是愉快的、放松的，会使用一些简单的道具来模仿生活中的场景，如孩子们的"过家家"，而在中国的古典戏剧中我们也会看到游戏的影子，如拿一根马鞭当马骑等。游戏本身既牵涉到模仿也涉及感情的转移即表现，正如模仿过程也会有表现的因素，所以，将艺术的起源仅仅归结于游戏一个因素的观点是不全面的。但游戏说揭示了艺术发生的生物学和心理学方面的某些必要条件，揭示了精神上的自由是艺术创造的动力，对我们理解艺术的本质是有启示作用的。

三、表现说

表现说接近于游戏说，但更强调人类感情的释放与宣泄。这种学说认为艺术起源于人类有交流情感的需要，舞蹈通过肢体的语言或激烈或舒缓、歌唱通过音调或高昂或低沉，都表现了不同的情感。人人都有表现的欲望，艺术是情感表现的最佳途径与方式，所以，表现说认为人类的情感表现需求是艺术发生的主要动因。

俄国文学家托尔斯泰赞成艺术源自表现，他说："艺术是这样的一项人类活动，一个人用某种外在的标志有意识地把自己体验过的感情传达给别人，而别人被这些感情所感染，也体验到这些感情。"托尔斯泰的"外在的标志"就是用舞蹈的动作、绘画的色彩、音乐的声音以及文学作品的言辞所表达的艺术形象，通过这些艺术形式语言的传达，使别人也能体验到同样的感情，这样，作者所体验到的感情感染了观众或听众，这就是艺术活动。表现说在近代欧美有很大的影响，一些现当代美学家如克罗齐、贝尔是表现说的积极倡导者。在这种学说看来，所有的艺术只有一个最主要的源泉或推动力，那就是情感表现，它促成了艺术的发生和发展。

四、巫术说

泰勒在他的《原始文化》一书中，最早提出了艺术起源于巫术的理论主张。他认为，原始人思维的方式同现代人有很大的不同，最主要的特点是万物有灵。山川草木、鸟兽虫鱼，在原始人看来都是有灵的，并且都可以与人交感。泰勒认为原始人的世界观是一切事物都有人格化的神灵，一切现象都具有生命，这种"万物有灵论"的思维方式，是原始巫术的直接产生原因。用这种观点来解释原始壁画的产生原因或原始文化的出现是出于巫术的需要，它也得到了绝大多数学者的支持。按照这种理论，原始人所描绘的史前洞穴壁画中虽然有许多在我们今天看来是感人的动物形象，但他们当时却是出于一种与审美无关的动机，即巫术的动机。如旧石器时代晚期的洞穴壁画和雕刻，往往是处在洞穴最黑暗和难以接近的地方，它们显然不是为了审美的目的而制作的，而是史前人类企图以巫术为手段来保证狩猎的成功。贡布里希认为原始壁画中出现大量动物形象的原因就像现在的某些地区的巫师，用纸做个小人然后用针去扎，这样来诅咒仇人一样是出于巫术的需要。"那些原始狩猎者认为，只要他们画个猎物图，再用他们的长矛或石斧痛打一番，真正的猎物也就俯首就擒了"[1]。同样巫术的行为还体现在舞蹈上，至今在非洲的某些原始部落中，人们往往在集体做一些重要的行动前或后必须举办巫术仪式，在身体上涂抹奇异的图腾符号，有节奏地摇摆跳动和呐喊。科林伍德分析这个现象的原因："一个部落在将和它的邻居打仗之前先跳战争舞，目的在于逐步激起它的好战情感，战士们跳着跳着就逐渐深信自己是不可战胜的了。"[2]

非洲人的原始舞蹈

弗雷泽在他的《金枝》一书中对艺术起源于"巫术"的理论进行了进一步地阐述。他认为原始部落的一切风俗、仪式和信仰都起源于交感巫术，人类最早是想用巫术去控制神秘的自然界，这显然是办不到的。于是，人类又创立了宗教来求得神的恩惠。当宗教在现实中也被证明是无效时，人类才逐渐创立了各门科学，以此来揭示自然界的奥秘。

巫术说对于我们理解原始艺术，特别是原始绘画发生的动力，以及这些艺术在当时条件下非审美的属性具有重大意义。但巫术说把精神动机视为原始艺术发生的唯一动机，忽略了隐藏在精神动机后面的动因，即人类的物质生产活动需要，因而也不能完整地解释原始艺术的真正起源。艺术的产生最初确实是与巫术有密切联系的，但艺术起源于巫术的理

1　贡布里希《艺术发展史》，范景中译，天津人民美术出版社，2006年，第18页。
2　科林伍德《艺术原理》，王至元、陈华中译，中国社会科学出版社，1985年，第67页。

论又并不全面，因为原始时代的巫术活动是直接和当时原始人类的生产劳动密切联系在一起的。原始的艺术活动虽然具有明显的巫术动机或巫术目的，但归根结底还是离不开人类的实践活动，尤其是物质生产活动。事实上，这些动物是当时人们狩猎时搏斗的敌手，也是人们赖以生存的食物来源。有些壁画表现了野兽受伤倒下的情景，或者画有弓箭箭头，再现了原始人狩猎的场景也就是劳动时的场景。在原始社会生产力低下和人类早期认识水平低下的情况下，人们无法把握自身，更无法支配自然界，于是原始人便寄托于巫术，产生了图腾崇拜、原始宗教、魔法巫术、祭祀礼仪等活动，使得巫术与原始社会的日常生活与生产劳动都有了密切的联系。因此，无论是艺术的起源，乃至于巫术的起源，最终还是应当归结于人类的社会实践活动。

马家窑文化马厂类型神人纹彩陶壶

三星堆青铜器

巫术是为了达到预定目的的手段，但我们现在认为在巫术的行为中有艺术的某些成分。李泽厚在《美的历程》一书中也认为中国新石器时代陶器上的几何纹样是与巫术中的图腾崇拜有关，这些"在后世看来只是美观装饰而并无具体含义和内容的抽象几何纹样，其实在当时却是有着非常重要的内容和含义，即具有严重的原始巫术礼仪的图腾含义。"[1] 具有极高艺术价值的我国四川出土的三星堆商代青铜器等器件，其图形和外观造型大都与祭祀与巫术相关，如太阳轮、神杖等，不能不使人感叹巫术产生巨大的力量。巫术说这种理论是在直接研究原始艺术的起因与原始宗教巫术活动之间的关

---

1 李泽厚《美的历程》，文物出版社，1981年，第18页。

系的基础上提出来的，对于理解原始艺术的创作动力有着积极的意义。

五、劳动说

劳动说同样也是艺术起源的一个重要原因。劳动是人类生存的前提，人类的生产活动是一切其他基本活动的前提，马克思主义学者认为在劳动的过程与结果中产生了艺术。

劳动说认为，艺术是在劳动中产生的，劳动是原始艺术最主要的表现对象。普列汉诺夫认为艺术不是起源于游戏，而是起源于生产劳动。他说："劳动先于艺术，人最初是从功利的观点来观察事物和现象，只是后来才站到审美的观点来看待它们。"[1] 原始人在生产劳动实践中，通过长期的观察，逐步地把握了人类的劳动和动物的形态等特征，从而刻画出一些野兽的形象和狩猎活动的情景，产生了原始的绘画和雕刻。确实，史前艺术在内容与形式方面都留下了生产劳动活动的印记，原始艺术中反映出的形象也多半与劳动有关。原始人将劳动动作或被狩猎对象的动物动作衍化为舞蹈，在劳动中为了需要而创造出具有丰富表意功能的语言系统，而劳动时发出的各种声音和体现的节奏，则为原始人提供了音乐的灵感。原始音乐的最初形式是为了协调劳动时的动作，减轻疲劳而发出的劳动呼声。后来，伴随着生产的发展，人的生活内容日益丰富，逐渐发展为由形象的语言和一定曲调组合而成的原始歌曲，用以表达人的思想感情。原始歌曲极其

1　普列汉诺夫《论艺术（没有地址的信）》，三联书店 1973 年，第 93 页。

汉代画像砖拓片

半坡遗址黑彩绘鱼形陶盆

简单，往往只用两三个高低不同的音调，连续不断地反复歌唱。为了加强歌曲的声音，使声音的节奏增加某种花样，原始人在歌唱时用打击木板或鼓敲击出强有力的节奏以助兴，这样，就产生了最早的乐器——打击乐器。

古希腊的瓶画不仅有表现竞技的题材，也有与劳动有关的内容；我国汉代画像砖的主要题材都是反映的劳动场面；新石器时代陶土器上的几何图案由鱼、鸟等动植物图形演变而成，其过程也是和原始人的生产与生活密切联系的。所以劳动说认为，劳动创造了人类、创造了世界，劳动创造了一切，劳动也创造了艺术。

总之，艺术的产生经历了一个由实用到审美、以劳动为前提、以巫术为中介的漫长历史发展过程，其中也渗透着人类模仿的需要、表现的冲动和游戏的本能，强调某一个因素而否定另一个因素都是片面的观点。它是人类的实践活动，是人类发展历史进程的必然产物，所以，对待艺术起源的问题要全面、辩证地来看待。以上关于艺术起源的学说，可以帮助我们从不同方面了解原始艺术的起源及其原因。艺术本身就是一种综合性现象，一个文化现象的产生，有多种多样的复杂原因，而不是一个简单原因造成的。因此，研究艺术的起源必须用社会学、人类学、心理学等多学科相结合的综合研究方法，才能真正揭示艺术起源的奥秘。

第二节
艺术定义的困扰

　　"艺术"这个词包含面巨大，绘画是艺术，雕塑是艺术，舞蹈是艺术，电影也是艺术……这是定论，是毫无疑义的，没有人会否定也没有人会质疑。然而，艺术究竟是什么？什么可以包含在艺术之内，什么又不在艺术的范围，对于我们来说回答这个问题就有难度了。芬兰建筑大师埃萨·皮罗宁在《论建筑》一书的前言中开宗明义地表明："我们要记住并非所有的构筑物都是建筑。自行车支架是一种构筑物；而林肯大教堂被尼古拉斯·佩夫斯纳称为建筑。有人说，只有 1% 的构筑物才可称之为建筑。""20 世纪 40 年代第二次世界大战结束后，著名的芬兰建筑师阿尔瓦·阿尔托任美国麻省理工学院客座教授。一次，一位家境富裕的学生问阿尔托'什么是建筑？'阿尔托诚实地答道'我不知道'。学生的父亲就此联系到麻省理工学院院长，希望学校解聘阿尔托，因为他连所教授的构筑物是什么都不知道。庆幸的是，阿尔托随后向院长解释了定义建筑的困难并留在了学校。"[1]没有人问我们建筑是什么，我们都知道建筑是什么，没有人问我们艺术是什么，我们也知道艺术是什么。正如肯尼克所说："没有人问我

1　埃萨·皮罗宁《论建筑》，方海、东方檀译，中国电力出版社，2014 年。

们时，我们的确知道什么是艺术；换言之，我们十分清楚如何正确使用"艺术"一词和"艺术品"这一字眼。一旦有人问我们艺术是什么时，我们便不知道了；这就是说，我们无法找到任何简单或复杂的定义来准确表达它们的逻辑内容。"[1]

建筑有那么难定义吗？我们眼见的不到处是建筑吗？艺术难定义吗？艺术不就是艺术吗？绘画的标准不就是画得要像对象吗？有人说："真搞不懂我儿子都能画出来的画（并没有非常像所画对象，指一些大师的抽象画），也被称为艺术，甚至还卖了几个亿。"俗话说："外行看热闹，内行看门道。""不看不知道，一看吓一跳。""艺术"里面的门道还真不少。服装设计是一门艺术，着装打扮也是艺术，室内设计是一门艺术，插花也是一门艺术。甚至说话也是一门艺术，同样的话能使对方和颜悦色，也能让对方暴跳如雷，可见"艺术"一词用途之广。可以这样说，艺术无处不在，艺术就在我们身边。

但究竟什么是艺术呢？对于"艺术是什么"的解释多种多样，自古希腊以来，关于艺术本质的讨论就一直不曾间断过。几千年中曾出现过繁杂众多的阐述艺术本质的理论，有艺术摹仿自然论、艺术表现情感论、艺术即形式论、艺术即符号论等。人类社会进入21世纪以来，艺术正在以前所未有的速度发展着，新的艺术形式、艺术观念层出不穷，这导致对艺术的定义更加困难，但又使我们从宏观架构上领会到艺术的含义。古人云："不识庐山真面目，只缘身在此山

---

1 李普曼《当代美学》，邓鹏译，光明日报出版社，1986年，第224页。

中。"如果我们跳出艺术的圈子来看艺术，我们将艺术区别于数学、物理、化学，我们对艺术的认识可能会有个大致的框架，当然，只是可能。

曾有记者问科学家、诺贝尔物理学奖获得者李政道怎样看待"科学实用而艺术虚无缥缈"这个问题时，这位聪明绝顶的博士幽默地一笑："我对艺术的认识水平，本身就很'虚无缥缈，'"。在数学上，1＋1＝2，而在艺术上，1＋1却不一定等于2，它有无限的可能性。艺术相对于其他学科，这个"不确定性"就是它的特征之一。在日常生活中，我们会说某人说话有"艺术性"；某人办事没有"艺术性"；把事情办砸了，某人穿衣打扮特"艺术"等。但是，如果我们追根刨底地问到底是怎么个"艺术"法，好像很难回答。有人看不懂毕加索的画而当面求教他，他立即会正儿八经地说："不要和舵手说话。"其实毕加索自己也答不出来。科林伍德为这种情况作出了解释："如果他不能简短而简单地回答这个问题，并不是因为他是一个没有哲学头脑的人，不习惯分析自己的行为，而是因为不可能给出任何简短的答案"。[1]

那么，解释"艺术"这个词就那么困难吗？我想说，假如世间有那么多的问题一两句话就能解释清楚，也就没"学问"什么事了。"艺术"这个词本身就是一个艺术，是一个宽泛而宏大的概念，它的概念随时代发展而发展，是一片永远也开发不完的土地。艺术是模仿现实，艺术是反映现实生活，艺术是情感的表现，艺术是创造，还有艺术就是生活本

1　科林伍德《艺术原理》，中国社会科学出版社，1985年，第309页。

身等观点都有其道理，都是艺术这个生命体内的单个细胞，是艺术的组成部分。有关艺术的定义并不是简简单单多个因素的罗列，美学与艺术学是研究艺术的一门学问。世世代代很多学者就艺术的定义都提出了自己的标准，美学史上凡是有建树的学者都有自己对艺术本质的观点，并且随着时代的发展变迁，必然还会有更多的艺术观点出现。确切地讲，对艺术概念的认识是因地域或民族或人的不同而不同，随时代发展而发展的，并不是一成不变的。

艺术存在于社会中，存在于我们每天的生活中。怎样看待形形色色的艺术现象，如何全面地认识艺术的本质呢？盲人是看不见颜色的。有个故事说一个人让盲人喝牛奶，对他说牛奶是白颜色的，盲人问：什么是白颜色啊？那人说：白颜色就是像鹅一样的颜色，并且把手臂弯成一个鹅颈的模样让盲人摸，盲人摸了后说：哦，我知道白颜色是什么了！中国还有一个盲人摸象的故事，有四个盲人很想知道大象是什么样子，可他们看不见，只好用手摸。四个盲人争吵不休，都说自己摸到的才是真正大象的样子。作为艺术家或艺术欣赏者个体，他可以有自己的艺术观，有自己的艺术见解，但就艺术本质的研究与探讨来说，我们则必须整体地把握艺术活动的脉络，才能有对艺术的全面认识而不能盲人摸象，以偏概全。

"艺术"一词来源于英文 Art，而 Art 一词又源于古代拉丁语中的 Ars。关于艺术或 Art 这个词，各个权威的字典有如下的解释。

△《现代汉语词典》：用形象来反映现实但比现实有典型

性的社会意识形态，包括文学、绘画、建筑、音乐、舞蹈、戏剧、电影、曲艺等；指富有创造性的方式、方法，如领导艺术；指形状独特而优美，如这棵松树的样子挺艺术的。

△牛津大学和商务出版社主编的《牛津现代高级英汉辞典》（1987年版）：美的事物的创造和表现；艺术，如文艺复兴时期的艺术、儿童艺术、风景画艺术等；美术（the fine arts），包括绘画、雕刻、建筑、音乐、舞蹈等；想象力及个人鉴赏比精确计算更为重要的事情；人文学科，如历史文学、教学演说等；诡计、诈术、巧计、策术、魔术、妖术。

△英国的《大不列颠百科全书》：用技术和想象力创造可与他人共享的审美对象、环境或经验；艺术一词亦可专指习惯以所使用的媒介或产品的形式来分类的各种表现方式中的一种，因此，我们对绘画、雕刻、电影、舞蹈及其他的许多审美表达方式皆称为艺术。

△《现代英汉词典》：美术，艺术，艺术品，技巧；技术，诡计。

△《朗文英汉综合电脑词典》：技巧，技术；艺术。

△《英汉化学大词典》：人工的、人造的、艺术的、技术的；技巧、艺术、技术、权术、手段、人工、技工、工匠。

△《英汉建筑大词典》：艺术、技术、技艺。

△《英汉汽车大词典》：技术、艺术、工艺。

△《英汉冶金大词典》：技术、技艺。

△百度百科：一种文化现象，大多为满足主观与情感的需求，亦是日常生活进行娱乐的特殊方式；其根本在于不断创造新兴之美，借此宣泄内心的欲望与情绪，属浓缩化和

夸张化的生活；文字、绘画、雕塑、建筑、音乐、舞蹈、戏剧、电影等任何可以表达美的行为或事物，皆属艺术。

看完以上对"艺术"的解释以后，我们对"艺术"一词有一个大致的概念，为接下来研究艺术问题打下基础。其实从古到今，"艺术"一词本身的概念也在不断演变，理论家们对于"艺术"是否可以被界定也各有不同的观点。在古罗马，"艺术"的原义是指相对于自然物的"人工的技艺"，泛指各种用手工制作的艺术品以及音乐、文学、戏剧等，当时广义的"艺术"甚至还包括制衣、植物栽培、拳术、医术等方面的技艺。甚至到了古希腊时期，艺术的概念仍是与技艺、技术等同的，"在希腊人和罗马人那里，没有和技艺不同，而我们称之为艺术的那种概念，我们今天称之为艺术的东西，他们认为不过是一组技艺而已。"[1]

将艺术视为一门手艺，艺术家是一位手艺人，这种认识一直持续到文艺复兴时期。"文艺复兴时期的艺术家，就像古代的艺术家一样，确实把自己看作是工匠。"科林伍德认为："一直到了17世纪，美学问题和美学概念才开始从关于技巧的概念或关于技艺的哲学中分离出来。到了18世纪后期，这种分离越来越明显，以至确定了优美艺术和实用艺术之间的区别。"[2]但我们不可以认为17世纪以前的艺术不具有审美价值，古希腊的绘画与雕塑在早至公元前5世纪发展到成熟阶段时，已基本确立了一套古典美的标准，具有了一般意义上

---

[1] 科林伍德《艺术原理》，王至元、陈华中译，中国社会科学出版社，1985年，第6页。

[2] 科林伍德《艺术原理》，王至元、陈华中译，中国社会科学出版社，1985年，第7页。

的审美含义。

　　今天，要给艺术下个简单和明确的定义是非常困难的，各个时代、各个学派都有对"艺术是什么"或"什么是艺术"的争论。综合看来，19世纪上半叶以前对艺术的定义比较简单，虽然有分歧，基本上是"艺术即模仿"的理论。但社会进步，特别是科学技术的发展，都促使艺术观念发生了改变。1675年，英国物理学家牛顿提出了光的粒子说；1801年英国物理学家托马斯·杨发现了光波现象；1839年法国人达盖尔发明了银版摄影术；1861年英国人麦斯威尔用三原色相加混合的方法发明了彩色照片，这一系列的重大科技发明都影响了"艺术即模仿"理论。当然，还有人文科学等领域的发展，使艺术的定义发生了众说纷纭的变化。19世纪下半叶之后，纯粹的"艺术即模仿"理论在美学界基本已销声匿迹，这时出现了一些定义艺术的新观点。例如认为艺术是"美的形式""情感的表现""意义的象征""情感的符号""有意味的形式"等，美学家们常常是以对过去艺术或作者同时代艺术进行描述的方式，试图对艺术做出规范。随着艺术的发展，艺术形式、种类和艺术观念日趋多元化，关于艺术的

1839年"达盖尔照相法"所拍摄的第一张照片

定义越来越众说纷纭。尤其在20世纪初，杜尚的一个名为《泉》的作品（小便器）的出现，使我们对"概念中的艺术"做定义更加困难。

近现代学术界对艺术是否可以被定义基本可分为两大学派，即主张艺术是可以界定的传统学派与认为艺术是无法界定的分析学派。英国形式主义美学家克莱夫·贝尔宣称艺术就是有意味的形式："在作品中线条、色彩以某种特殊方式组成某种形式或形式间的关系，激起我们的审美感情，我称之为有意味的形式。有意味的形式就是一切视觉艺术的共同性质。"[1] 他又强调说："在一件艺术品中，除了为形式意味做贡献的东西以外，就再也没有什么别的是与艺术相关的了。"[2] 卡西尔强调艺术是生命形式的符号化表达："一切人类的文化现象和精神活动，如语言、神话、艺术和科学，都是在以运用符号的方式来表达人类的种种经验，概念作用不过是符号的一种特殊的运用。"[3] 苏珊·朗格继承了卡西尔的观点，认为艺术即人类情感符号形式的创造："艺术作品之所以不同于其他美好的事物，就因为它是'玻璃加透明性'，这即是说，在任何有关的情况下，它都根本不是一种事物，而是一种符号。"[4]

而认为艺术无法定义一直也是学术界的一派理论。早在19世纪托尔斯泰就反对给艺术下定义："解决艺术中的趣味问

1　克莱夫·贝尔《艺术》，周金环、马钟元译，中国文联出版公司，1984年，第4页。
2　克莱夫·贝尔《艺术》，周金环、马钟元译，中国文联出版公司，1984年，第152页。
3　卡西尔《人论》，甘阳译，上海译文出版社，1985年，第188页。
4　苏珊·朗格《情感与形式》，刘大基等译，中国社会科学出版社，1986年，第69页。

题，不但不能帮助我们弄清楚我们称之为艺术的这种特殊的人类活动究竟是什么，而且反而使我们完全不可能弄清楚这一问题。"[1]以英国哲学家维特根斯坦为代表的分析学派认为艺术无法有一个统一的定义，维特根斯坦认为"企图用艺术这一名词去包罗所有出现在这类名词下的实例的共同性质，纯属呆板的教条。"通过考察游戏之间的相似关系，维特根斯坦提出了"家族相似性"的论点，认为各类艺术有着一个模糊边界的家族相似概念："在数学和自然科学中，我们追求严格限定的概念；但触及人类文化时，我们发现也许有必要拥有家族相似的概念，因为我们想将它们应用于其确切特征不可预测的未来事物。"[2]以韦兹为代表的反本质主义者延伸了维特根斯坦的"家族相似性"理论来论证"艺术是不可定义"的命题。韦兹认为艺术无所谓的标准，除了"艺术"这个共有名称以外，根本就没有什么具有实际意义的纽带把所有的艺术品联系在一起。打比方说："一系列的以 P 字母开头的词，如 pen（钢笔）、pear（梨）、punch（冲床）等可以组成一个"P 系列"，但除了以 P 字母开头之外，实际上没有共同的性质和共同的标准。"[3]他认为传统美学为艺术所下的定义都是失败的，艺术属于一种开放结构，总是不断地有新的"艺术"出现，而封闭的艺术概念只存在于历史中："艺术家总是在创造着他以前从未创造过的东西，这样，艺术创造的条件绝不

---

1 《西方美学家论美和美感》，北京大学哲学系美学教研室编，商务印书馆，1982 年，第 262 页。

2 汉斯·斯鲁格《维特根斯坦》，张学广译，北京出版社，2015 年，131 页。

3 《美学译文 2》，中国社会科学出版社，1982 年，第 221 页。

可能是事先就被设计好的。把艺术看作是一种封闭的概念，就会束缚艺术的创造性。因此，认为能为艺术的必要的特征作出规定和能给艺术下一个定义的设想，全都是错误的。"[1] 肯尼克认为："总是想给艺术下定义的传统美学是建立在错误的基础之上的。"他归纳出的传统美学的错误有两点：一是传统美学认为所有的艺术都有一个共同点；二是传统美学认为"如果没有适用于一切艺术品的标准和规范，就不可能有值得信赖的批评。"[2]

经历了认为艺术是可以被定义的"本质主义"和认为艺术是不可以被定义的"反本质主义"之后，西方美学界又出现了折中调和的另一种声音，这就是受曼德鲍姆理论影响而出现的"新本质主义"分析美学。新本质主义对反本质主义的观念提出了挑战，认为艺术还是可以定义的。但新本质主义不再试图通过可观察到的视觉显性属性去给艺术下定义，而是转向了寻求一种看不见的、隐藏的关系属性特征来给艺术下新的本质性定义。曼德鲍姆的理论认为维特根斯坦的"家族相似性"所说的家族成员没有共同的相似性只是说没有共同的"外显相似性"，但并不排除"非外显的共性"。"如果艺术是一个家族相似概念，那么就表明艺术的共同特征不是通过直观来识别的外显特征，而是不能通过直观来识别的非外显特征。"[3] 曼德鲍姆开创的认为艺术是可以被定义的新本质主义，为当时西方世界正在兴起的现成品艺术等定义为艺术品打开了思路。但是，如

1　朱狄《当代西方美学》，人民出版社，1984 年，第 115 页。

2　朱狄《当代西方美学》，人民出版社，1984 年，第 117 页。

3　彭锋《艺术学通论》，北京大学出版社，2016 年，136 页。

何能将市场上能买到的工业制品视为艺术品，比如艺术家送了一件包装盒子以艺术品的身份参展，那为什么他的包装盒子是艺术品，而一般人拥有的同样的包装盒子却不是艺术品呢？丹托认为，正是由于艺术理论氛围与艺术史知识导致了一件平常物嬗变成了艺术品。乔治·迪基的艺术体制论定义认为，正是由于艺术家、艺术界、公众等相互关联的社会网络所形成的艺术体制赋予了它的艺术品定义。

对艺术的定义如此困难，以至于 1979 年《英国美学杂志》连续刊登三篇论文对此进行讨论。它们是《英国美学杂志》主编 T·迪费伊的《论艺术的定义》、美国北卡罗来纳州哲学系教授乔治·史莱辛格的《审美体验和艺术定义》和美国马里兰大学哲学系助理教授鲁尔德·利文森的《从历史角度看艺术定义》。史莱辛格给艺术品下的定义是："艺术品是一种人工制品，在标准的条件下它供给它的感知主体以审美体验。""审美体验通常被说成是主体在保持审美态度时所经受的体验。"[1] 他举例说如果观众在美术馆看一幅画时不将注意力关注于颜料的成分、画框的质地，而是全神贯注于画本身时，才能具有审美态度，继而具有审美体验。鲁尔德·利文森认为，对某物拥有所有权的人以一种与已被认可的艺术品看待方式相一致的稳定的意图来看待某物，则某物是艺术品。"所谓艺术品，就是一件要求人家认可它是艺术品的东西，以先于它之前存在着的艺术品被正确地以任何方式得到认可。"[2] 他认为艺术的概念脱离了过去的"艺术便是空话"，

---

1 《美学译文2》，中国社会科学出版社，1982年，第222页。
2 《美学译文2》，中国社会科学出版社，1982年，第227页。

艺术的定义要与艺术史相连接。迪费伊的观点是"辨认艺术品并非专凭哲学定义，而是靠历史。"[1]迪费伊意图在柏拉图玄奥的艺术定义方法与维特根斯坦虚无而不作为的艺术定义论之间寻找出一条出路，那就是历史学与社会学。摆脱从艺术品自身固有属性入手而从一些隐藏的、非显明的关系属性入手来重新反思艺术定义或重新寻找艺术共同本质的思路，可谓是当今新本质主义分析美学家在解决艺术归类难题时执行的一种普遍性策略。

布洛克在他的《现代艺术哲学》一书中对一件普通物品如何成为一件艺术品的过程作了有趣的描述："首先，我们一般人说到艺术品时，都是指一种人造物，换言之，这种物体是由人的特殊意图（idea）造成的，一截躺在岸边无人过问的漂木，虽然具有某种吸引力，我们能否称之为艺术品呢？当然不可能。但是，当有人路过它时把它竖立在地上，周围用石头围起来，人们会不会称之为一件艺术品呢？人们肯定比上一种情况下较倾向于它是一件艺术品。再有人把它带回家钉在墙上，周围用几个小电灯泡把它照亮，多数人都会承认，在某种程度上这也许是一件艺术品。如果有人把它放到大都会博物馆的'发现的艺术'展厅中展出，这时它便再也不是仅使你自己感兴趣的东西，而成为一件真正的艺术品。"[2]究竟是什么因素使一件普通物品成为艺术品的，布洛克指出关键是"意图"（idea），它的出现与否具有举足轻重的作用。

---

1 《美学译文2》，中国社会科学出版社，1982年，第234页。
2 布洛克《现代艺术哲学》，腾守尧译，四川人民出版社，2005年，第243页。

另外，什么人才有资格送这件作品参展呢？布洛克给这类艺术品定了一个前提，发现它的人必须是个艺术家，而艺术家的定义又是什么呢？艺术家必须创作和展出过当前人们认定为艺术品的那种东西，也就是说，必须是得到社会认可的艺术家。一旦成为艺术家后，他就可以做某些新的尝试。杜尚以及他的作品《泉》(小便器)就是例子。杜尚是一位艺术家，他就可以做艺术上的试验。布洛克的美学理论对于当代艺术的试验具有某种积极的意义，也对我们了解现成品艺术、装置艺术等艺术形式提供了一个切入点。

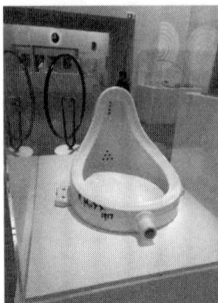

杜尚《小便器》

　　贡布里希指出："最新视觉艺术的魅力和晦涩对其观众的能力和教养提出了很高的要求，他们必须研究和理解社会理论、美学和艺术理论的全球化进程。"[1]艺术发展到今天，对艺术品仅仅是用视觉来看、用听觉来听的认识已远远不够，艺术是文化，艺术是历史，我们只有了解更多的相关知识，才能跟上时代，以一颗包容的心看待当下纷杂的艺术现象。

1　贡布里希《艺术发展史》，范景中译，天津人民美术出版社，1991年，第319页。

第三节
关于艺术本质的不同观点

在对艺术起源问题的研究上，学者们或多或少都会持有片面的观点。正像"先有鸡还是先有蛋"这样一个未解之谜一样，艺术是如何起源的，同样也是一个待解的谜。其实，各家艺术起源的论点与他们对艺术本质的观点是完全一致的，我认为，纠缠在艺术是如何起源的讨论上毫无意义。但是，对艺术本质问题的讨论却会使我们将目标注意到艺术本身，包含诸如对艺术性质、艺术目的等方面的研究。虽然艺术的表现形式多种多样，对艺术的看法也各不相同，但归纳起来主要分为以下几类。

一、艺术再现论

"再现论"在艺术史上影响深远，艺术即模仿，是西方艺术史上持续时间最长、影响最广的定义。艺术起源说中的"模仿说"是它的理论基础。通常艺术上的所谓"模仿"概念，即是艺术表现手法上的"再现"，是指艺术家在其作品中模仿和再现现实生活，对他所认识的客观对象与社会生活进行具体的描绘，在创作倾向上偏重于认识客体，在创作手法上偏重于写实。现实主义与自然主义具有再现客观对象的表现形式。古希腊的先哲们在艺术问题上几乎都是"再现论"的积极倡导者，但在如何再现客观世界上各有观点。柏拉图的老师苏格拉底反对把再现理解为"抄袭"。"他主张画家画像，雕刻家雕像，都不应只描绘外貌细节，而应体现出生命，表现出心灵状态，艺术不应奴隶似地临摹自然，而应在自然形态中选择出一些要素，去构成一个极美的整体。"[1]

柏拉图的模仿理论认为世界主要由"理式世界"和"现实世界"所组成，理式的世界是真实的存在，永恒不变，而人类感官所接触到的这个现实的世界，只不过是理式世界的影子。这里，柏拉图首先认为现实世界的存在是虚幻的、不真实的，而艺术又是模仿现实世界的，于是就更加的不真实。现实是理式的影子，而艺术又是现实的影子，艺术只不过是一些摹仿"影子的影子"，是没有价值的手艺。他以一张床为例：首先是床之所以是床的"理式"（Idea），其次是木匠按照床的理式制造出的个别的床，再次才是画家依照木匠制造出的床。画家模仿木匠画的床，木匠模仿理式的床，所以画家的画是"摹本的摹本""影子的影子""和真实隔着三层"。"柏拉图的心目中有三种世界：理式世界、感性的现实世界和艺术世界。理性世界是第一性的，感性世界是第二性的，艺术世界是第三性的。"[2]那么"理式"的床又从哪来的呢？柏拉图的"理式"正是神，他的客观唯心主义正是保卫神权的哲学。柏拉图的模仿论，在肯定了艺术模仿现实世界的同时，却又否定了现实世界的真实性，从而否定了艺术模仿的合理性，否定了艺术的存在价值。"就文艺对现实的关系来说，他

1 朱光潜《西方美学史》（上卷），人民文学出版社，1982年，第37页。
2 朱光潜《西方美学史》（上卷），人民文学出版社，1982年，第45页。

歪曲了希腊流行的模仿说，虽然肯定了文艺模仿现实世界，却否定了现实世界的真实性，这也就是否定了文艺的认识作用。"[1]

柏拉图的哲学体系博大精深，影响深远。他的许多学说开创了哲学研究的新领域，如他对教育的理念、对艺术创造灵感现象的观点等。对于他的模仿理论也有一分为二的观点，斯蒂芬·哈利威尔认为柏拉图的模仿论是在一个非常大的语境范围里提出的，它不仅用于文学艺术，在认识论、伦理学、心理学等领域的相关问题上也都能适用。"在柏拉图的有关模仿艺术的众多对话中，可以整理出两条基本线索；一条专注于模仿形象与它们再现的世界特征之间的复杂关系，另一条专注于模仿在心理学上对其受众的寓意和效果。"[2] 从柏拉图的模仿论又引申出两个概念，即"外模仿"与"内模仿"。"外模仿"模仿的是可见世界，而"内模仿"模仿的是不可见的心理世界，"内模仿"给西方现代美学的"移情说"提供了理论基础。

亚里士多德是柏拉图的学生，他传承了柏拉图的艺术模仿理论，但却比他的老师前进了一大步。亚里士多德关于模仿的主要观点是，艺术不仅只模仿事物的外表，而要模仿事物发展的规律，艺术反映的现实是理想性的现实。亚里士多德的模仿是触及现实世界的内在本质及事物的发展规律的创造性的模仿，他认为艺术模仿的对象是实实在在的现实世界，艺术不仅反映事物的外观形态，而且反映事物的内在规律和本质。艺术创作靠模仿能力，而模仿能力是人从孩提时

1　朱光潜《朱光潜全集》第六卷，安徽教育出版社，1990年，第60页。
2　《美学译文》，中国社会科学出版社，1982年，第99页。

就有的天性和本能。亚里士多德不仅肯定艺术的真实性，而且肯定艺术比现实世界更真实。他还认为模仿是一种认识活动和学习方式，是人的天性，人和动物的区别之一就在于人善于模仿，人类最初的知识就是从模仿中得来的。与柏拉图的观点相反，他强调现实世界是真实的，所以模仿现实世界的艺术必然也是真实的。模仿可以使人们从客观世界中获得知识，产生快感，这是艺术的效用之一。此外，他还在模仿的行为中加入创造的因素，认为现实世界本质规律的概括就是艺术创造，这种创造不仅会使现实中美的东西更美，而且也会使丑的东西变美。"亚里士多德批判了柏拉图的文艺和真实隔了三层的谬论，肯定了文艺的客观真实性，批判了柏拉图模仿只是抄袭表面现象的看法，认为模仿应揭示事物发展的普遍性和必然性"[1]与柏拉图蔑视艺术创造者的看法不同，亚里士多德重视艺术主体的作用，认为艺术创造取决于创造者，而不是仅依靠创造对象，艺术主体的作用不在于忠实地临摹对象，而在于创造艺术形象。艺术形象应该比现实生活更具普遍性，通过特殊的具体事物表现本质，通过对个体事物的表现来揭示事物的发展规律，所以艺术应该照事物应有的样子去模仿。

在诗歌方面，亚里士多德认为诗歌不仅仅模仿已经发生的事，还要模仿遵循事物发展规律应该发生的事，在模仿的过程中加入了主观的判断和想象。就是主张艺术要毕肖自然的歌德也指出自然与艺术并不是一回事："艺术并非直接模仿

---

1 朱光潜《西方美学史》(上卷)，人民文学出版社，1982年，第94页。

人凭眼睛看到的东西，而是要追溯到自然所由组成的，以及作为它的活动依据的那种理性的东西。"对自然的全面模仿在任何意义上都是不可能的。""艺术并不求在广度与深度上与自然竞赛。"以及自然只是艺术创造的材料、美是艺术处理的结果、艺术的最高成就是风格等，把艺术的再现与对自然的忠实模仿区别开来。在戏剧音乐方面，亚里士多德认为模仿能产生审美快感。他认为艺术的产生，一是由于人的模仿本能，而人对于模仿总感到有快感；二是音乐感和节奏感两者都与人追求快感的本性有密切关系。因此，他认为满足人们某种快感的需要并使之健康发展是艺术的效用之一。悲剧唤起我们的怜悯与恐惧之情而产生快感，音乐在给人以教育、净化的同时，使人得到一种"轻快舒畅的快感"。在他看来，艺术的认识作用、审美作用与教育作用三者是一致的。在论音乐的模仿性方面，亚里士多德认为音乐是"最富于模仿性的艺术""因为节奏与乐调是些运动，而人的动作也是些运动"，音乐的情感性能直接触动人的心灵。低沉的音调模仿了人的悲哀心情，而高亢的音调模仿了人的激动情绪，快节奏的曲调与缓慢的曲调也模仿了人的不同的感情。亚里士多德的"照事物应有的样子去模仿"实际上已经超越了"就物论物"的模仿，而将"模仿"提高到一个较高的精神层面。他赞成"艺术源于生活而高于生活"的艺术观点："喜剧总是模仿比我们今天的人坏的人，悲剧总是模仿比我们今天的人好的人。"[1]他认为艺术源自现实世界、源自生活、源自实实

---

1 《西方美学家论美和美感》，北京大学哲学系美学教研室编，商务印书馆，1982年，第44页。

在在的对象，但可以不受对象所约束，强调模仿过程中艺术家主体的创造性，即注重模仿事物的外表也强调要按事物的发展规律去摹仿，亚里士多德的艺术观是西方艺术摹仿论的高峰。

在意大利文艺复兴时期，大部分艺术家与艺术理论家都持艺术模仿再现自然但要对自然进行加工的观点，主张模仿与创造并行。"一方面要求艺术模仿自然，另一方面也要对自然进行加工，要求理想化与典型化。在他们看来虚构不等于虚伪，模仿不妨碍创造，艺术的真实不等于生活的真实（包括历史的真实）。所以他们的观点基本上是现实主义的。"[1]

2000多年来，在艺术模仿自然的理论引导下，造就了灿烂辉煌的西方古典艺术，催生了伟大的文艺复兴和现实主义艺术，带动了解剖学、透视学以及色彩学的发展，并涌现出一大批无与伦比的杰出艺术大师，达·芬奇便是其中的佼佼者。对于如何模仿和再现自然，达·芬奇在他的《画论》《笔记》中进行了具体的论述。他说："画家的心应当像镜子一样，将自己转化成对象的颜色，并如实反映摆在面前所有物体的形象。应该晓得，假设你不是一个能够用艺术再现自然一切形态的多才多艺的能手，也就不是一位高明的画家。"模仿说是再现论观点的主要部分，其次的镜像说、反映说等学说的内核也可认为是模仿说的延伸。而镜像说如达·芬奇的观点，在现实与艺术家之间则多了一面镜子，通过镜子来反射现实、转译现实，模仿的客体由现实变成映射现实的镜

1　朱光潜《西方美学史》(上卷)，人民文学出版社，1982年，第162页。

子，已不等同于直接对客体的模仿。雨果也说："戏剧应该是一面集中的镜子，它不仅不减弱原来的颜色和光彩，而且把它们集中起来，凝聚起来，把微光化为光明，把光明化为火光。"

在艺术模仿自然的问题上还涉及自然美还是艺术美的问题，柏拉图之所以贬低艺术的作用，就是认为艺术家只能模仿理念世界影子的现实世界。在柏拉图看来，现实世界高于艺术世界，自然美高于艺术美。德国的古典主义学者歌德在这个问题上的看法有点矛盾，首先他认为："对艺术家提出的最高要求是：他们应该遵守自然、研究自然、模仿自然，并且应该创造出一种毕肖自然的作品。"但又说："自然与艺术之间有一条巨大的鸿沟把他们分开，对自然的全盘模仿在任何意义上都是不可能的。艺术并不求在广度和深度上和自然竞赛。"[1] 他建议把自然作为艺术创造时的"材料宝库"，艺术家应该从中选择有用的那一部分。俄国唯物主义哲学家车尔尼雪夫斯基反对黑格尔"美是理念的感性显现"的唯心主义观点，提出"美是生活"的定义，明确认为自然美要高于艺术美："真正的最高的美正是人在现实世界中所遇到的美，而不是艺术所创造的美"。他认为艺术的第一个作用就是再现自然生活："艺术再现现实，并不是为了消除它的瑕疵，并不是因为现实本身不够美，而正是因为它是美的。艺术作品的目的并不修正现实，不粉饰现实，而是再现它，充作它的代替物。"[2]

1　朱光潜《西方美学史》(下卷)，人民文学出版社，1982年，第425、426页。
2　车尔尼雪夫斯基《生活与美学》，人民文学出版社，1959年，第92页。

"自然美高于艺术美"的观点在一些现实主义艺术家那里得到了认同。法国画家库尔贝认为美就存在在大自然之中，自然美高于艺术美，艺术家的任务就是寻找和描绘："美一旦被找到，它就属于艺术，或者可算是属于发现它的那个艺术家。只要美的东西是真实的和可视的，它就具有自己的艺术表现。而艺术家无权对这种表现增添些东西。"[1] 雕塑家罗丹告诫学生："你不要忘了我最喜欢的一句箴言：'自然总是美的'，能了解自然向我们指出的，这就够了。我服从自然，从来不想命令自然，我唯一的欲望，就是像仆人似地忠实于自然。"[2]

　　自古希腊到 18 世纪，模仿说一直处于西方文艺理论的中心地位，艺术的本质就是模仿自然，艺术即模仿已经成了一个不证自明的定理。直到 19 世纪浪漫主义兴起后，艺术模仿论才逐渐受到了质疑，大多数美学家在哲学论辩中倾向于艺术美高于自然美的立场。德国客观唯心主义哲学家黑格尔："我们可以肯定地说，艺术美高于自然。因为艺术美是由心灵产生和再生的，心灵和它的产品比自然和它的现象高多少，艺术美也就比自然美高多少。"

　　他认为"自然美"只是初级阶段，是不完善、有缺陷的，所以在黑格尔看来不能对自然完全的模仿。艺术家主体对自然这个客体要进行提炼和推敲，取其精华去其糟粕，不能直接地模仿其外表，而是要经过选择和处理地模仿。黑格尔相信只有人才是使自然美丽的主体："自然美只是为其他对象而美，这就是说，为我们，为审美的意识而美。"使自然显得美

<hr />

1 《库尔贝》，人民美术出版社，1960 年，第 43 页。
2 《罗丹艺术论》，人民美术出版社，1978 年，第 73 页。

的是人。因为只有人才能有艺术，也只有人才能创造美和欣赏美。最后黑格尔把这个问题归结到自己的哲学信仰上，认为艺术美之所以高于自然美，因为它是绝对精神的显现。并且宣称要将"美学"的名称正名为"艺术哲学"，这样就可以把"自然美除开了"。意大利哲学家克罗齐深受黑格尔影响，但认为黑格尔的唯心主义还不够彻底。他把精神作为现实的全部内容，认为除精神之外单纯的自然是不存在的。于是，克罗齐直接否认了自然美这个命题，他认为"美即是成功的表现"，没有人的表现也就没有什么自然美，没有人的直觉掌握的自然当然就无所谓美："只有对于用艺术家的眼光去观照自然的人，自然才显得美。如果没有想象的帮助，就没有哪一部分自然是美的。"[1]黑格尔与克罗齐的观点对当代美学影响很大，他们相信，人随着认识的提高，物质逐渐成为第二性而精神成为第一性的。在对待自然的关系上，自然（客体）为主，模仿者（人）为辅的依附关系逐渐转变成表现者为主体而自然（对象）为客体的关系。在绘画上"不是画什么而是怎么画"，文学上"不是写什么而是怎么写"，这成为艺术家们思考的问题。

　　归纳起来说，再现论强调艺术与现实之间的模仿与被模仿，反映与被反映，再现与被再现的关系。在这个关系中，现实是第一性的，而艺术是第二性的；客体是第一性的，主体是第二性的。再现论认为的艺术应该反映客观的生活，复现客观的真实。所以，再现论者往往使用具象的表现手法来

1　朱光潜《西方美学史》（下卷），人民文学出版社，1982年，第486页。

传情达意。这种手法在意大利文艺复兴时期及以后的西方都达到了很高的程度，现代派之前的各个艺术流派，包括现实主义、自然主义、浪漫主义等在再现自然的框架理论内在艺术的各个领域都取得了极其辉煌的成就。

二、艺术表现论

对现实世界的再现是模仿其外在形式还是模仿其内在本质，是客观的模仿还是加入主体对客体的认识和感情的模仿，艺术的本质就是再现吗？随着哲学、心理学、美学等人文科学研究的深入发展以及西方在自然科学领域取得的进步，自19世纪以后，艺术再现论逐渐衰微，取而代之的是表现论的兴起，并在西方占了主导地位。

艺术品是人工制品，而人是有感情的，任何一件艺术品的创造过程中必然有人的感情因素。纯天然的艺术品概念是不成立的，如一块美的玉、美的石头，如要将它确定为艺术品，是需要由人的情感来支配的。在再现型的艺术中，艺术家的感情决定他的选择，无论是忠实地去描绘一处自然风景还是戏剧中完整再现生活中的一个事件，为什么要选择甲而不选择乙，起决定因素的还是人的情感。对艺术中情感因素的讨论可以追溯到远在公元前6世纪古希腊的毕达哥拉斯学派。他们通过对数的研究认为美在于和谐，一定的数的比例能在人的心理产生和谐而优美的感觉，从而符合人的心理对愉悦感的一种期待。外在的形式会通过视觉作用于接受者的心理而引起情感的反映，如圆形、弧线能使人感觉到亲切，尖锐的锯齿形却使人感到痛苦，竖线条使人产生崇高感，而横线则给人平静的感觉。色彩对人情感上的影响也是如此，红色给人温暖的感觉，蓝色给人寒冷的感觉。一些物体的体积大小同样使人的情感受到影响，"大"的物体造成了雄伟、威武、广阔、崇高的感觉，如大山、大海、大江、大老虎与大工地等，"小"的物体有温柔、可爱的感觉，如小山丘、小树、小溪、小姑娘、小兔子等。

艺术家都是带着感情去表现对象的，艺术作品是客观现实与主观情感相结合的产物，是主客体的碰撞与交融。寓情于物、寓情于景，将主观情感转移到客观对象上，这就是审美中的"移情"理论。从总体上来看，中国的艺术是情感性和表现性的，古诗"登山则情满于山，观海则情溢于海"，即是描写了诗人将自己的感情与所见到的景色完全相互交融。早在我国晋代，文学家陆机就有"诗缘情而绮靡"的观点，指出了情感在艺术表现中的重要性。李泽厚认为，中国《乐记》与希腊《诗学》的巨大差异就是一个强调艺术的一般日常情感的感染作用，一个重视艺术的认知功能和宗教情绪的净化作用。"中国美学的着眼点更多不是对象、实体，而是功能、关系、韵律……凡音之起，由人心生也。人心之动，物使之然也。"《乐记》中的这段文字精辟地阐述了由物生情，再由乐器表达出的情感以及艺术与现实、艺术与情感的相互促进关系。

在西方，作为艺术表现论基础的移情理论出现的较晚，但爆发力更强。19 世纪德国美学家劳伯特·费肖尔首次在其著作中使用了"移情作用"这个词，他在《视觉的形式感》中阐述了移情的概念。他指出"外在的物体形式是我身体组织的象征，我像穿衣服一样，把那轮廓形式穿到我自己身上。"费肖尔将感情整个地投入到对象之中，随对象大而大，随对象小而小。"假如我们没有一种奇妙的本领用自己身体的形式去代替客观事物的形式，因而就把自己体现在那种客观事物形式里。"[1] 费肖尔之后的学者里普斯、古鲁斯等也都支持并发展了移情理论。他们认为，知觉起于知觉神经的刺激兴奋，情感起于运动神经的刺激兴奋。感觉可分三级，第一级为"前向感觉"，在这一感觉里感觉到的是对象的光线与色彩；第二级为"后随感觉"，已经感觉到了对象的形式；第三级为"移入感觉"，知觉这时才达到完备阶段，眼睛在这一阶段已不满足于追随对象的线条轮廓，还要试图模仿对象的全部形状，模仿到它全部造型的生动性和鲜明性。这是感觉状态，而情感比起感觉的反映则又进了一步，进入情感状态才真正进入了想象的世界。

移情论认为，情感也分三级，对应着感觉的三级，但都与想象与情感外射有关。在第一级"前向情感"中对光与色彩的反映方面，如天气季节、朝阳初起、黄昏落日给人的心理感受，红色为暖、蓝色为冷等。第二级"后随情感"虽也是对象的形式与轮廓，但它们被赋予了生命的含义，这些形式是运动着的、有生命活力的，将物比喻为人的例子在文学作品中比比皆是。第三级"移入情感"即移情作用，到达这里审美才达到了高级的阶段。"我们把自己完全沉浸到事物里去，并且也把事物沉浸到自我里去，我们同大树一起傲然挺立，同大风一起狂吼，和波浪一起拍打礁石"。在这一阶段，

1　朱光潜《西方美学史》(下卷)，人民文学出版社，1982年，第602页。

人与物已完全融合在一起，人的情感也完全投入到对象之中，移情理论在这里已达到了一种物我相融的状态，与中国古代"天人合一"的理论不谋而合。

在表现论中，一个值得注意的倾向是，艺术所表达对象的外在形式似乎渐渐变得无关紧要了，取而代之的是艺术家的情感。移情说的重要理论家里普斯认为："审美的快感可以说简直没有对象，审美的欣赏并非对于一个对象的欣赏，而是对于一个自我的欣赏。"对象存在的意义只是引发心理情感，不是眼睛对外在形象的模仿，而是心理对外在形式的模仿，即"内模仿"。古鲁斯把"内模仿"看作是审美活动的主要内容，比如看一匹马在奔跑，我们也会在内心模仿马跑动的节奏，从而享受着内模仿的快感。移情说主要论及由我及物，而内模仿说的侧重点是由物及我。

移情说指出了艺术是情感的表现，关注艺术创造中艺术家的主体作用，是诸多审美概念与相互关系中不可或缺的重要内容。但移情说中"我"与"物"的关系，即"客观世界"与"主观世界"的关系却存在一个"度"的把握。真理过了即是谬误，一些移情说理论家便是走过了头，如英国移情说的主要代表浮龙·里。他过分强调了"我"的作用而忽视事实的存在："笑不是因为喜而喜，是由于笑；逃避不是因为恐惧而恐惧，是由于逃避"，"山的立起是由我们意识到自己睁开眼睛、抬起头或颈时所引起的一个观念。"[1]等，他那本末倒置的说法具有浓厚的唯心主义色彩。

1　朱光潜《西方美学史》(下卷)，人民文学出版社，1982年，第622页。

艺术表现论的基础主要是移情说，认为艺术的本质就是情感的表现，此外还包括克罗齐的直觉说、弗洛伊德的潜意识说等理论。意大利美学家克罗齐在1902年出版的《美学原理》一书中提出了"直觉即表现"的表现主义美学命题，他认为直觉就是见到一个事物时，不假思索而直接领会该事物意象的一种认识活动，它可以赋予无形式的物质以形式。直觉活动能创造出人的主观感情的特别意象，直觉在本质上就是一种表现，表现也总是一种直觉，直觉所表现的是主观的情感，一切直觉都是抒情的表现。克罗齐在"直觉"这一核心概念的基础上，推演出一系列的基本美学观点，延伸出直觉即表现、直觉即艺术、美就是成功的表现、语言就是艺术的观点，并指出艺术不是物理的事实、艺术不是功利的活动、艺术不是道德的活动、艺术不具有概念知识的特性、艺术不可以分类等新的对艺术的界定。克罗齐的观点对以后的科林伍德等美学家产生了巨大影响，对西方美学起了巨大的推动作用。

弗洛伊德则从人具有潜意识这方面来切入对艺术的研究，他认为意识分为意识和潜意识。所谓意识，是人所特有的反映客观现实的高级形式，是人有目的的自觉反映。这种反映主要表现在认识活动上，即"意识到"的活动上。而潜意识，是指不知不觉地、没有意识到的心理活动，不能用言语来表述的。意识擅长于推理和思考，它会分析各种资讯和数据，是经验发展的结果。如某人对某件事情发展的判断是依据他过去的经验，由"意识"决定做还是不做；但潜意识不会思考和推理，它只会本能地对某些事态做出反应，所谓

"急中生智"就是潜意识在悄悄地起作用。意识是与直接感知有关的心理部分，它包括个人现在意识到的和现在虽然没有意识到但可以想起来的；而无意识则是不能被本人意识到的，它包括个人的原始的盲目冲动、童年的经历、过去深刻的回忆和创伤、各种本能及出生后和本能有关的欲望等。这些冲动、本能、欲望，与社会风俗、习惯、道德、法律不相容而被压抑或被排挤到意识阈[1]之下。但是，它们并没有被消灭，仍然在不自觉地积极活动着，千方百计地在追求自我满足。所以，无意识部分是人们过去的、被意识所压制的经验的一个"储存区"，也就是弗洛伊德称之为原我或本我的这一部分。他提出人具有本我、自我、超我三重人格结构，"本我"体现了人生的本能与死的本能，受到"超我"指导下的"自我"的控制和压抑，就要寻找宣泄的渠道，即做梦或进行艺术创作（白日梦），否则就会导致精神失常。作为精神病学的医生，弗洛伊德极力夸大人的潜意识功能与生理本能如恋母情结、性欲等在艺术创作中的作用，但也进一步说明了在艺术创造活动中，艺术家主体表现的重要性。

荣格在弗洛伊德学说的基础上发展了他的"集体无意识"观点，将个体的潜意识观拓展为整个人类的潜意识形态。他进一步认为，"集体无意识"是人类进化的结晶，它包括基因遗传、人类思想文化的积累等。荣格的观点唯心主义色彩更加浓厚，但对研究艺术创作中的"灵感"现象和天才艺术家有着积极的作用。

---

1 所谓意识阈，是指能否意识到的分界线。

三、观念艺术论

黑格尔曾经预言艺术最终将被哲学取代，西方艺术的发展验证了这一点。20世纪以来，西方逐渐兴起"生活本身即是艺术"的观点，现实生活中的实物无需经过艺术家的模仿或表现，艺术家的任务是选择或组合。毕加索将自行车车把与车座组合成牛头，杜尚直接将小便器送去展览而只不过在上面签了个名，而这个名为《泉》的小便器在英国艺术界举行的一项评选中，竟然成为20世纪最富影响力的艺术作品。

一向神圣的美术馆、博物馆充斥着旧铁管、废轮胎和各式各样的电子垃圾，艺术品与非艺术品的界限日趋模糊。如果说毕加索的现成品雕塑还讲究美感或形式感的话，杜尚的作品（如果还算是他的作品）则仅仅将某件物品从某地换到了另一地，环境空间的转换使一件垃圾变成艺术，其奥妙在哪里？

"观念艺术"反映出西方艺术观念的巨大变化。"观念艺术"这个说法最早是在1961年，由一名叫弗林特的美国音乐家首先提出的。他说："观念相对于观念艺术，就像声音相对于音乐，它们都是基础材料。因为观念是和语言相联系的，所以观念艺术是一种用语言作为材料的艺术形式。"而事实上，观念艺术的鼻祖可追溯到1913年，26岁的杜尚在巴黎创作了一件史无前例、离经叛道的作品。他将一个废弃的带轮子的自行车前叉倒置固定在一个圆凳上面，取名为《自行车轮》，这标志着现成品艺术的诞生。有人指责杜尚是剽窃现成的制品，他则辩解道，是否由作者创作并无关紧要，重要的

杜尚《自行车轮》

是选择了它，并"使人们用新的角度去看它，原来实用的意义已经消失殆尽，它却获得了一个新的内容"。杜尚的现成品艺术作品还有凉瓶架、雪铲、衣帽钩和打字机罩等各种日用物品。

第二次世界大战后，在杜尚"反美学"观念的启示下，作为对抽象表现主义的反叛，艺术家们企图重新恢复艺术作品中的描述性和叙述性因素，摆脱抽象表现主义过于强烈的自我意识、神秘主义和纯粹的形式语言倾向，关注于现实生活，关注物品所具有的象征意义与文化内涵。"现成品的挪用"成为艺术家实践的共同点，强调了艺术家对作品最低限度的人为干预从而消解形式语言对材料的处理方式。美国艺术在第二次世界大战之后出现了蓬勃兴旺的局面，而它的大部分探索都是对杜尚开创的这条"观念主义"新道路的开拓与发展。装置艺术更进一步突破了架上艺术的局限，使现成品或实物的改装和组合变得更加自由灵活。装置艺术家甚至反对艺术的永久性和美术馆博物馆的展览和收藏模式，其作品仅供短暂展出不作永久收藏。环境艺术走出室内空间，将大型雕塑作品与街道、广场和建筑结合起来，创造出开放的艺术景观。"大地艺术"是现成品艺术的终极样式，因为它使地球都变成了人类艺术作品。大地艺术以山川河流、森林草原，甚至雷电雨雪、日月星辰为背景，利用现代科技手段，建造出巨大的人文工程。在上述有形的艺术样式之外，杜尚的观念主义艺术还衍生出各种以人的身体及其行为作为表达形式的艺术，这就是身体艺术、行为艺术、偶发艺术和表演艺术。它们将艺术与非艺术，即生活与艺术的界限彻底取消了。

　　观念主义的艺术触角还延伸到其他艺术领域，音乐家约翰·凯奇 1952 年的作品《4′33″》在更大程度上试验和拓展了杜尚的"现成品"观念。该作品共分 3 个乐章，总长度 4 分 33 秒，乐谱上没有任何音符，唯一标明的要求就是"沉默"。作品的含义是请观众认真聆听当时的寂静，体会在寂静之中由偶然所带来的一切声音。这也代表了凯奇一个重要的音乐哲学观点：音乐的最基本元素不是演奏，而是聆听。作为一个音乐家和激进的艺术家，他首先从音乐领域将日常生活纳入到艺术世界之中，并且试图让日常生活的价值冲破高级艺术的评价标准。为了表达艺术同生活之间的关系，凯奇强调了"偶然""过程"和"事件"之于艺术的重要性。

　　如果说塞尚是"现代艺术之父"，杜尚则可称为"当代艺术之父"，而且与前者相比，后者的艺术更富有革命性，其影响力也来得更为强烈、更为巨大。因为，塞尚所开创的艺术带来的只是艺术语言和表现形式的更新，而杜尚则从根本上颠覆了艺术的固有概念和既定标准。塞尚是一位地道的画家，他开创的是"形式主义"艺术；而杜尚是一位彻底的思想家，他将西方艺术引上了一条"观念主义"艺术之路。杜尚说过，我最好的作品是我的生活，他告诉世人，艺术可以是有形的物体，更可以是无形的观念，因为世界和生活本身就是艺术。

1946 年，人类发明了第一台计算机。20 世纪 90 年代，互联网进入大众生活。21 世纪全球进入大数据时代，云计算已经形成了一个从应用软件、操作系统到硬件的完整产业链，开始大规模的商业应用。 近 20 年来，商务智能、社交网站、物联网、智能手机、无人驾驶汽车、在线教育、网络游戏等新科技迅速地进入到人们的生活，在手机或电脑上浏览网页已经是我们每天的生活方式。信息化不仅改变了我们对社会的认识，同时也改变了我们看世界的方式，改变了我们以往对事物的认知观念。世界在发展，艺术也在发展，而人们对艺术的认识同样在发生着深刻的变化。艺术的特征是相对于其他领域而言的，时代的发展并不能改变艺术的属性，艺术的审美性、形象性和主体性是艺术之所以是艺术的根基，是区别于其他学科领域的主要特征。艺术的功能也不会因电子媒体的兴起而减弱，但随着新的艺术种类、新的艺术形式、新的艺术观念的不断出现，我们必须以更宽阔的胸怀、更大的包容心来对待艺术。

第二章
艺术的特征与功能

第一节
艺术的特征

一、审美性

人有视觉、听觉、味觉、触觉、嗅觉等感官，艺术作品目前主要为满足人们的前两个感官需要，即视觉享受和听觉享受。审美性是艺术作品的普遍特征，其包含作品的结构、形式、色彩、旋律、韵律和节奏等。美感是客观事物在人们心目中引起愉悦的情感，审美观是从审美的角度看世界，不同时代、不同文化甚至不同地域的人会有不同的审美观。审美意识是主体对客观感性形象的美学属性的能动反映。审美意识与社会发展的水平有关，并受社会制约。所谓审美，就是感受和领悟客观事物或现象本身所呈现的美的感觉，是人在其社会实践过程中与客观事物或现象所产生的一种特殊的相互关系。人与客观事物或现象大致有三种关系：一是科学的认知关系；二是伦理的规范关系；三是审美的表现关系。审美的表现关系专注于对象生动可感的表现性形式，是规律性与目的性的统一。艺术审美与一般审美的不同，主要是由于它的审美对象不同，它是以艺术作品作为审美对象，而一般审美是对现实美的观照。艺术美不同于现实美或自然美，它是专为审美对象而生产与存在的。艺术家创作艺术作品，其目的就是为了满足人们的艺术审美需求。艺术给予人的只是一种审美愉悦、审美享受和审美评价，只在人的精神上发挥潜移默化的作用。

无论审美意识也好，审美理念也好，审美观也好，其关键词就是"美"。"美是什么"是一个宏大的美学命题，是历年来美学家、哲学家争论不休的核心问题。《庄子·知北游》云："天地有大美而不言，四时有明法而不议，万物有成理而不说。"大美无言、大象无形、大音希声等比喻是中国古代文化对一些极致现象的形容，也说明了"美"是一种感觉，是文字和语言无法准确描述的。"美"是汉语常用字，初见于商代甲骨文。美的古字形像戴着头饰站立的人，本义指漂亮、好看。"美"除了表示具体事物的美好外，还用来表示抽象意义，如形容一个人品德高尚称为"美德"。美好的事物往往给人愉快的感觉，所以"美"有令人满意的意思，"美"有时也作动词使用，指赞美，又指使其漂亮。许慎在《说文解字》中认为，美是个会意字。人们常常将"美"字拆成"羊""大"，说"羊大则肥美。"在"美丽、华丽"的意义上，它们是同义词，其区别在于，"丽"字多用于容貌、服饰、颜色等方面，而"美"的意义却宽泛得多，既可以用于具体事物，又可以用于抽象事物。

"美学理论不是关于美的理论，而是关于艺术的理论。"[1]审美中的"美"字不是我们常说的"美丽、漂亮、好看"，而是具有哲学上的意境。德国哲学家鲍姆加登享有"美学之父"之誉，他在 1735 年发表的博士论文中首次提出建立美学学科

---

1 科林伍德《艺术原理》，王至元、陈华中译，中国社会科学出版社，1985 年，第 41 页。

的建议。中国传统文化中有极为丰富的美学思想，但美学作为一门独立的学科却是从西方引进的。现有的中国美学史著作在谈及西方美学在中国传播的时候，一般都认为是近代学者王国维最先引入了"美学"这一词汇和概念，最早介绍了西方美学思想。1904 年 1 月，张之洞等组织制定了《奏定大学堂章程》，规定"美学"为工科"建筑学门"的 24 门主课之一，这是"美学"正式进入中国大学课堂之始（教会学校不计）。但当时的大学文科并不开设"美学"课，最早王国维是公开要求在大学文科中开设"美学"专门课程。1901 年在王国维译的《教育学》一书中，就较早出现了"美感""审美""美术""审美哲学""审美的感情""宏大"等现代美学词汇。此外，王国维还著有《孔子之美育主义》等文，堪称现代美育在中国的最早传播者、研究家和提倡者。1916 年至 1927 年任北京大学校长的蔡元培提出了"以美育代宗教"的观点，他认为"美育者应用美学之理论于教育，以陶冶感情为目的者也。"确立了美育在中国近现代教育上的地位。

"美术"这一名词是外来语，"美术"（fine art）是 20 世纪初我国沿用日语的译法，直译应为"好的或优秀的艺术"。美术是艺术门类之一，也叫造型艺术、视觉艺术，是以平面或立体的视觉形象，反映自然和社会生活，表达艺术家思想观念和感情的一种艺术活动。美术一词起源于欧洲 17 或 18 世纪，泛指具有美学意义的活动及其产物，如绘画、雕塑、建筑、文学、音乐、舞蹈等。这一词是从日本引进的，是教育家陶行知和蔡元培等人 20 世纪初留学归来引入中国的。中国在五四运动前后开始普遍应用这一名词。"美术"一词最初是等同于艺术的，之后在发展过程中，渐渐出现艺术为总称，美术只是其中的一个部分。"美术"一词已是较陈旧的称呼，近数十年来国际上多已不再使用"美术"一词，国内也有用"视觉艺术"取而代之的趋势。为什么要单独说"美术"一词呢，因为这一名称使几代人误解了绘画雕塑等视觉艺术的意义。人们常将"美术"所提及的就应该是美的"作为首要评判标准"。但其实艺术并不能用美不美来衡量，因为"美学、美术"中的"美"字与汉字中的"美"字常概念混淆，这使一个本来不是问题的问题变成了问题，所以我认为，要了解艺术首先要把这个一般概念中的"美"字去掉。

国内一些美学译著也坦言"美"字宜造成艺术概念的混乱："Aesthetics 应译为感觉学，它原本没有美的涵义。但凡是美的感觉都由直觉生出，所以一般人把 Aesthetics 和美学（The Scien or Philosophy of Beauty）混为一谈。本译沿用已流行的译名，深知其不妥，所以特将原意注明；又因 Aesthetics 也当作形容词用。这有两个含义：一是美学的，例如美学的原理、美学的观点、美学的学派之类；一是审美的，例如审美的经验、审美的态度、审美的活动之类。现在一般人常把美学的与审美的两个意义混淆起来。"[1] 托尔斯泰认为艺术的目的不只是表现美："只有当人们不再认为艺术的目的是美（即享乐）时，才会了解艺术的意义。"[2] 科林伍德在《艺术原理》一书中

1 《西方美学家论美和美感》，北京大学哲学系美学教研室编，商务印书馆，1982年，第293页注释。
2 《西方美学家论美和美感》，北京大学哲学系美学教研室编，商务印书馆，1982年，第262页。

申明"如果回溯到希腊,我们将会发现,美与艺术之间毫无关系。"[1] 英国现代雕塑家亨利·摩尔明确断言,一般人所说的那种意义上的"美",绝不是他的目标。他要以活力(vitality)一词去代替美。"对我来说,一件作品必须首先要有它自己的一种活力。我的意思并非指生命、运动、身体的活动、跳跃、舞蹈这些活力的反映,而是指一件作品要有一种被压抑的力,一种它自己的强大生命。"[2]

我们说艺术是发展的,艺术观也是发展的,美术史上确实有过以华丽、柔美为艺术表现目的的时期,如欧洲巴洛克、洛可可时期的艺术,以及一些描绘女性裸体的绘画,但是如果今天还是用这些审美观点去欣赏艺术的话,就大大落伍了。我们会发现,我们像门外汉一样看不懂发生在身边的艺术现象,犹如置身于当代艺术环境之外。大地艺术作品通常以制造惊人的景观来吸引人们的注意,美与不美任人品评。笔者写书当下,克里斯托和让娜·克劳德夫妇用帆布、塑料布、绳索为材料包裹了巴黎凯旋门。该项目耗资1400万欧元,用了2.5万平方米可回收聚丙烯布料、3000米同样材质的红色绳索,耗时两个月来对凯旋门进行包装。法国总统马克龙出席仪式时说,希望人们通过这个作品触摸到一个全新的凯旋门,称其为"成功的佳作";还称这个有着疯狂梦想的作品让法国再次享誉世界。众目睽睽之下,包裹这样一座世界著名建筑物会引起公众什么样的反应呢?"络绎不绝的参

"被包裹的凯旋门"

---

1 科林伍德《艺术原理》,王至元、陈华中译,中国社会科学出版社,1985年,第38页。

2 朱狄《当代西方美学》,人民出版社,1984年,第443页。

商晚期　青铜饕餮纹鬲鼎

观者为这样的装饰争论不休：有人认为无比漂亮，有人认为难看至极。网络上、各种媒体上也围绕凯旋门展开论战，热闹无比。但无论如何，包裹凯旋门本身产生了极大的新闻效应，正如法国国家科研中心研究员、艺术社会学者何内科所言，当代艺术就是通过公众的反响（无论好坏）而存在，而作品的特征常常就是违背常识。"从现代艺术的发展中我们可以看到，仅仅以审美中的好看漂亮来评判远远不够，震撼、出人意料、重量、速度等也都是艺术的范畴，甚至还有暴力美、狞厉美。"在中国的青铜饕餮那看来狞厉可畏的威吓神秘中，积淀有一股深沉的历史力量。它的神秘恐怖也正是与这种无可阻挡的巨大历史力量相结合，才成为美。"[1]

在艺术的审美性中，"自然美"与"艺术美"到底谁更美是一个哲学命题，一些学者至今还在喋喋不休地争论。其实，这是两个概念，同时，也反映着时代审美眼光的变化。山川之美、大地之美、宇宙之美是公认的、不言而喻的事实存在，不会因人的存在与否而改变性质。人作为自然的组成部分，美的人"通常"也是自然的，这里说的"通常"是因为不是绝对的。因年代、种族以及地域的不同会有观念差异，古希腊人以裸体为美，唐代人以胖为美，非洲人以肤色黑为美，国外有的民族以脖颈长为美，脖子上套上一个又一个的金属圈；有的部落以嘴唇突出为美，在嘴唇上镶上金属片。但艺术的所谓"美"则是人所创造出的另一个"游戏的规则"，没有必要与"自然美或现实美"做比较，好比将举重

1　李泽厚《美的历程》，文物出版社，1981 年，第 38 页。

自然风景

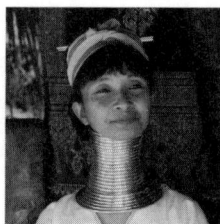

泰国清迈的长颈族人

嘴上镶金属盘的非洲人

运动员与作家相比，没有可比性。在一致认为自然美高于艺术美的古希腊，艺术家们创造出伟大辉煌的艺术，但它们都是模仿的艺术，恰恰是这一点，成为柏拉图看不起艺术、将艺术家贬为手工匠人的原因。从自然美到艺术美是一个历史的认识过程，是人类从崇敬自然、畏惧自然到了解自然、掌握自然、利用自然的演进，是艺术从自然的孩子变为自然的朋友、自然的主人的过程，是艺术从亦步亦趋、尽力模仿自然，之后以艺术创作主体的感受表现自然，到和自然平起平坐的上升过程，自然是艺术创作灵感来源的一部分而不是全部，艺术自有它运行的自然规律。艺术的审美性是内容美和形式美的统一。作为艺术的一种特性，艺术美注重形式，但并不脱离内容，形式与内容相互依附，二者有机统一。每个艺术门类都有自己独特的形式语言，它们在长期的历史发展中已经积累了许多宝贵的经验和规律。然而，这些形式美的法则又随着艺术实践的发展也在不断变化和发展。艺术家们在自己的创作实践中，不断探索和寻找美的形式，在艺术创造的过程中选择最恰当的形式语言以加强艺术的表现力，从而使得艺术的形式美日益丰富和发展。

二、形象性

任何艺术都是以形象展现的，形象可以是直观的也可以通过文字等描述而在接受者的意识中形成。各个具体的艺术门类，它们所塑造的艺术形象可以具有各自不同的特点，如雕塑、绘画、电影、戏剧等门类的艺术形象，欣赏者可以通过视觉感官直接感受到，而音乐、文学等门类的艺术形象，欣赏者则通过个体的形象想象力来间接地感受。

首先，艺术形象是主观与客观的统一。这种主客观的统一包含两个方面，一是艺术家创作艺术作品时客观对象与主观意识表现的统一；二是接受者在欣赏作品时主观理解力与客观作品之间的统一。其次，艺术形象是内容和形式的统一。形式是一件艺术作品的外在表现，而内容则通过作品的艺术形式显现。内容是艺术作品的精神所在，但没有合适的形式就不能很好地体现。内容可以通过语言或文字表达，但有些也是文字与语言无法表达的，只能意会。文学、诗歌艺术通过文字语言在欣赏者心中创造形象，而绘画等视觉艺术与音乐等听觉艺术的艺术感染力则是语言文字无法表达清楚的。特别是抽象、意象等的视觉艺术作品和无标题、无具体明确内容的音乐、舞蹈艺术作品要靠欣赏者的领悟。另外，艺术形象是个性与共性的统一。鲁迅在小说中创造的阿Q、孔乙己等艺术形象，其生动性给读者留下了深刻的印象，然而这些生动的人物形象并不是天生的，而是艺术家选择、组合、改造的结果。

鲁迅在谈到他如何塑造人物形象时说："人物的模特儿也一样，没有专用过一个人，往往嘴在浙江，脸在北京，衣服在山西，是一个拼凑起来的角色。"中国古代画论的"搜尽奇

古罗马《盖维斯·屋大维·奥古斯都
全身像》

马踏匈奴石雕

峰打草稿"也是将普遍性与个性特征相结合，经过画家取其
精华、弃其糟粕的艺术加工，来进行艺术创造的。艺术形象
的个性是建立在共性基础之上，要在艺术作品中成功创造出
典型的艺术形象，既要具有鲜明而独特的个性，同时又要具
有丰富而广泛的代表性。

　　作品的形象分为直接感知的视觉形象和观众、读者观看
阅读时产生的心理形象。接受美学认为一部作品的思想意义
不是由作家一开始就确定的，是通过与接受者的理解水平融
为一体之后才形成的，而这种理解水平则取决于不同接受者
的受教育程度、心理状态及社会因素等。观众在观看或阅读
一部作品时，会根据情境和个体的修养积淀在内心产生非直
观的艺术形象。"官知止而神欲行"这句话出自庄子的《庖丁
解牛》，意为感官停止了，精神还在运行。中国的传统艺术讲
究意境，中国的艺术形象不寻求面面俱到而要求意会。罗马
时期的艺术已经掌握了绘画透视学与人体解剖学等科学，无
论绘画还是雕塑，其写实艺术已经达到了相当高度。同时期

的中国西汉艺术也取得了伟大的成就，霍去病将军墓石刻与西方的雕塑就是一个明显的对比。不像古罗马的雕塑那样造型严谨、解剖准确，骨骼血管都表现出来，中国的石刻就如中国的文人画，逸笔草草、只求神似不求形似，给人留下想象的空间。"中国艺术家何以不满于纯客观的机械式摹写？因为艺术意境不是一个单层的平面的自然的再现，而是一个境界层深的创构。"[1]形象之于艺术，有写实而一目了然的形象，又有别于我们身边经常能见到的形象，也有只有色彩、线条、面积的抽象形象。艺术家创作、观众欣赏绝不能用像不像作为标准，也不能以普通眼光能看见的物象来衡量。众所周知，人的眼睛看的物象是有限度的，不运用设备，宏观的或微观的图像人眼都看不见，我们的眼睛其实只能看到有限的物象。艺术作品的形象是一个认知性的形象范畴。

三、主体性

主体性体现在艺术生产的全过程，包括艺术创作、艺术作品和艺术欣赏。首先，艺术创作具有主体性的特点，它集中表现在艺术家的创作过程具有主观能动性和独创性。艺术创作活动是精神活动，即便是摄影艺术，也要由艺术家来选择画面，选此非选彼就是艺术家的主体性的体现。对于生活与艺术的关系，古罗马哲学家贺拉斯认为艺术家要深入生活才能创作出切近真实的艺术作品："到生活中从风俗习惯中去寻找模型，从那里吸取活生生的语言。"[2]车尔尼雪夫斯基也认

1　宗白华《美学与意境》，人民出版社，2009年，第194页。
2　孙津《西方文艺理论简史》，陕西人民出版社，1986年，第59页。

为艺术必须来源于生活，他指出："艺术源于生活而高于生活"。写实风格画家需要从现实中寻找创作题材，作家体验生活从大量的素材中提取写作的闪光点，当代艺术家将某件现成品视为艺术品也还要经过选择。所有选择的行为都体现了"意图"，即艺术家主体性的作用。其次，艺术作品具有主体性的特点。艺术作品好比是艺术家的孩子，十月怀胎、一朝分娩，无论是十年磨一剑的鸿篇巨制，还是一挥而就的激情作品，都是艺术家个人心血的结晶，是艺术家创造性劳动的产物，必然打上艺术家作为创作主体的鲜明烙印。其中凝聚艺术家独特的审美体验和审美情感，显示出艺术家对艺术的独到见解，有着艺术家鲜明的艺术风格和美学追求。另外，艺术欣赏还具有主体性的特点。"有一千个读者，就有一千个哈姆雷特"，美感既有共同性，又有差异性，每个人直觉性的区别，使得美感具有千差万别的个体特征。"仁者见仁，智者见智"，同一部红楼梦，"经学家看见《易》，道学家看见淫，才子看见缠绵，革命家看见排满，流言家看见宫闱秘事"（鲁迅语）。个体生活经验与性格气质的不同，艺术素养和审美能力的不同，使每个艺术接受者对一件艺术品产生出不同的审美感受，使艺术欣赏打上了欣赏主体的烙印。

第二节
艺术的功能

一、艺术的审美功能

审美功能是艺术最重要的功能。美感和审美意识是人类特有的一种精神享受，是人们在审美活动中对于美的主观反映、感受、欣赏和评价，是人的一种特殊的心理活动。艺术的审美功能是人类审美活动中的一种高级、特殊的形态。所谓审美，简单地说，就是感受、领悟客观事物或现象本身所呈现的美；具体地说，它指的是人在其社会实践过程中与客观事物或现象所发生和建构的一种特殊的表现性关系。人与客观事物或现象大致有三种关系：一是科学的认知关系；二是伦理的规范关系；三是审美的表现关系。审美的表现关系专注于对象生动可感的表现性形式，是规律性与目的性的统一，具有自由性。艺术审美与一般审美的不同，主要是由于它的审美对象不同，它是以艺术作品作为审美对象而一般审美是对现实美的观照。现实中的客观事物或现象，原不是作为人们的实践对象和认识对象存在的。在社会实践中，它们与人首先形成了意志实践关系和理智认识关系。在这个基础上，当社会发展到人们不以直接的功利态度、实用态度对待客体对象时，才出现了比较成熟、纯粹的审美关系。

艺术美则不同于现实美，它作为审美对象而生产和存在。艺术家创作艺术作品，其目的就是为了满足人们的艺术审美需求。艺术给予人的只是一种审美愉悦、审美享受和审美评价，它不能像客观事物那样可以作为实用品出现，只在人的精神上发挥潜移默化的作用。良好的审美能力是现代文明人的重要素养之一，俗话说，人都有爱美的天性。这里所说的"天性"，并非是指人生来就懂得爱美，而是指人的一种社会本质的规定性。审美，作为人的精神自由境界，已成为文明的重要范畴之一。人的审美意识不是先天的天赋能力，而是自然界长期发展和社会实践的产物，在改造社会中人的感觉、审美的感受也随之而确证。人的审美能力是指人们对美的事物或艺术的欣赏和鉴别的能力，包括审美感知、审美判断、审美理想。美是通过各种形态表现出来的。美的形态是多种多样的，由于一个人的实践经验不同，修养水平不同，对同一事物的审美能力也存在差异，还有生活条件、社会地位、民族状况、道德、宗教、政治观点的影响和制约，这些因素都造成了审美观念的差异性。

二、艺术的认知功能

艺术的认知功能，主要是指人们通过艺术鉴赏活动，可以更加深刻地认识自然、认识历史、认识人生的功能。首先，艺术对于社会、历史、人生具有认识功能。由于艺术活动具有反应与创造统一、再现与表现同一、主体和客体统一等特点，往往能够更加深刻地揭示社会、历史、人生的真谛和内涵，更能反映社会生活的深度和广度。艺术的这种认知作用可以突破时间和空间的局限。其次，对于自然现象，艺术也同样具有认知作用。在认识自然现象方面，艺术毕竟比不上物理、化学等自然科学，在认识社会、历史方面，艺术也不可能像社会学、历史学那样完备详实地占有资料，但艺术利用它特有的形象性和主观创造性更能直观地展现出这些方面的知识与信息。有相当数量的学者甚至认为在后工业社会里，艺术成为大众传播媒介的重要组成部分，使得艺术具有信息功能和交际功能，艺术的这种功能甚至比起普通语言来更加丰富。

艺术的审美认知功能在帮助人们认识社会人生时，能够发挥其他学科所不能代替的作用。由于艺术的认知作用是以艺术的审美价值为基础，在反映对象的本质特征时，又表现出艺术家对社会与人生的理解和评价。在真实描绘生活细节时，其还揭示出生活的本质规律；在反映客观世界的同时，也反映人的思想、情感等主观世界，这些都使得艺术具有与自然科学和社会科学不同的特殊审美认知功能。艺术将生活真实升华为艺术真实，通过现象揭示本质，通过偶然结识必然，通过个别显示一般，通过客观显示主观，使艺术审美认知功能具有深刻的内涵。

三、艺术的教育功能

艺术的教育功能是指艺术作品能够对人们起到思想教育和道德教育的作用。这一点，在我国古代论文、史论和画论中历来都受到重视。荀子说："诗言是其志也，礼言是其行也，乐言是其和也。"（《荀子·儒教》）在荀子看来，礼要求人们在行动上、诗要求人们在思想志向上、音乐要求人们在性情方面符合社会道德规范。又如东汉王延寿认为绘画的作用就是"恶以戒世，善以示后"，主张艺术作品要有思想性，要能教育人们服从社会的道德规范。

优秀的艺术作品总是在帮助人们认识生活的同时，也教育人们对生活采取正确的态度和看法，培养人们美好的道德情操，促进人们奋发向上。艺术之所以能产生教育作用，是因为艺术家们在创作过程中不仅反映现实，而且还会对现实生活做出评价，由此提出自己的理想和愿望，表达自己对人生与世界的体验和感受。因此，艺术家往往也是思想家，他们总是要用自己的思想去影响欣赏者的思想，用自己的道德观念去改造欣赏者的道德观念。

四、艺术的娱乐功能

艺术的娱乐功能，主要是指通过艺术欣赏活动，使人们的审美需求得到满足，获得精神享受和审美愉悦，赏心悦目、畅神益智，通过阅读作品或观赏演出，使人的身心得到愉悦和放松。物质产品是为了满足人们生存的需要，精神产品则是为了满足人们心灵的需要。艺术作为一种特殊的精神产品，它能给人们带来审美的愉悦和心理的快感。艺术作品的"寓教于乐"意义在于潜移默化的影响，它的道德教育功能往往胜过呆板生硬的说教。小品、相声等能通过诙谐幽默的艺术形式揭示出深刻的社会伦理现象、一些喜剧作品也能通过形式表面的嘻嘻哈哈反映出严肃的主题。特别是音乐、舞蹈、影视等艺术形式，它们带给人们更多的是赏心悦目和愉悦感，丰富人们的精神生活，使人们感受人生的美好。

艺术由多个门类组成，绘画、雕塑、摄影等满足视觉感官享受地称之为视觉艺术，音乐等主要满足听觉欣赏地称之为听觉艺术。但艺术门类之间的区分绝没有那么严格，它们往往在形式上相互影响、相互融合。舞蹈是视与听相结合的一门艺术，更多以看为主，但如果少了音乐的背景，少了听觉的即时附和，肯定大为逊色。小说、诗词是需要用文字语言表现的一个古老的艺术门类，今天电脑的普及与网络小说的兴起虽然没有改变它文字性的特点，但书写方式和阅读方式的改变，也给以文字语言表达的艺术带来了一定的影响。影视艺术是一门综合艺术，也是当今发展最快、受大众喜爱的一门艺术，影视艺术有着其他艺术门类所没有的优越性，它能最快捷地分享高科技带来的视听技术发展成果，能最大限度地满足受众的感官享受，能最逼真地展现出虚拟的真实场景，随着科学技术水平的日益发展，影视艺术将在形式上有巨大的上升空间。

第三章
视觉艺术

第一节
绘画

绘画是二维表现的艺术，它包括中国画、油画、版画、水彩水粉画、素描、壁画、插画、漫画等。绘画以创造艺术形象为主要目的，又可细分为中国画里的山水画、花鸟画、人物画、白描等，油画中的风景画、肖像画、静物画等，版画中的水印版画、铜版画、石版画等。

一、中国画

中国画是我们国家特有的艺术表现形式，是中国文化的重要组成部分，它以毛笔、水墨、宣纸为特殊材料，有自成体系的艺术理论，是一门广受人们喜爱的艺术形式。中国画艺术具有悠久的历史，有着鲜明的民族风格和丰富多彩的表现形式，经过数千年的发展，形成了独具一格的绘画语言体系，在世界艺术中具有重要的影响。

中国绘画的历史最早可追溯到中国原始社会新石器时代的彩陶纹饰和岩画，到了先秦绘画、楚国帛画等，就已达到较高的水平。秦汉王朝时期，绘画艺术得到空前发展与繁荣，其墓室壁画、画像砖、画像石以及随葬帛画等生动地塑造了现实、历史、神话人物形象，其画风气魄宏大，粗犷豪放，具有很高的艺术价值。而敦煌莫高窟保存的魏晋南北朝

仰韶时期彩陶

马王堆汉墓帛画

《阿弥陀净土变》敦煌莫高窟壁画

《渔父图卷》北宋

吴道子《八十七神仙图》（局部）

时期的佛教美术壁画，同样有着极高的艺术造诣。山水画、花鸟画在这个时期开始萌芽，绘画开始注重精神状态的刻画及气质的表现，以文学为题材的绘画日趋流行。隋唐时国家统一，经济繁荣，对外交流活跃，给绘画艺术注入了新的机运，涌现出阎立本、吴道子、周昉、展子虔、李思训、王维等一大批在中国绘画史上功名卓著的艺术家。五代两宋之后，中国绘画艺术出现了一个鼎盛时期，朝廷设置画院，延揽人才，宫廷绘画盛极一时，特别是宋代的山水画艺术取得了较高的成就。元、明、清时期的文人画获得了突出的发展，绘画强调人品与画品的统一，注重将笔墨情趣与诗、书、印有机地融为一体，形成了独特的绘画样式，涌现出众多的杰出画家和大量的优秀作品。

中国画自 19 世纪末以后受西方美术的表现形式与艺术观念的影响，在继承民族绘画传统的基础上形成了不断改革创新的局面。近现代时期，许多中国画家在坚持继承传统绘画基本模式的同时积极变革，涌现出如吴昌硕、黄宾虹、潘天寿、齐白石等艺术大师，而以刘海粟、徐悲鸿、林风眠等人为代表的留学归来的艺术家，则积极倡导将西方美术的写实或表现的创作观念与传统的中国画相融合，走出了一条改革创新中国画的新路子，使传统的中国画焕发了活力。新中国成立后，政府非常重视中国画的繁荣与发展，在各省市设立了由国家财政拨款的书画院，培养和扶持了一大批优秀的中国画艺术家，使这一民族文化的瑰宝发出更加迷人的光芒。

中国画的绘画表现形式基本分为工笔和写意两大类。

具有悠久历史的中国工笔画通过"取神得形，以线立形，以形达意"的表现手法来获取神态与形体的完美统一。工笔画是从白描发展而来的。白描本来是用来打草稿的，宋代画家李公麟把它发展成独立的画种，他的白描如行云流水，变化无穷，有很强的表现力。在早期的中国绘画中，工笔重彩占有主要的地位。湖南长沙马王堆汉墓发现的帛画，构图巧妙，线描精细，设色绚丽，显示了当时工笔重彩所达到的成就。在波澜壮阔的中国绘画史中，产生了无数以工笔画为表现形式的优秀艺术家和艺术作品，富有代表性的工笔人物画作品有顾恺之的《女史箴图》、阎立本的《历代帝王图》和《步辇图》、张萱的《捣练图》和《虢国夫人游春图》、吴道子的《送子天王图》、周昉的《簪花仕女图》和《挥扇仕女图》、张择端的《清明上河图》、唐寅的《蜀王宫姬图》等；工笔山水画作品有李昭道的《明皇幸蜀图》、荆浩的《匡庐图轴》、关仝的《秋山晚翠图轴》、李成的《读碑窠石图轴》、范宽的《溪山行旅图轴》、郭熙的《早春图》等；工笔花鸟画有黄荃的《珍禽图》等。

工笔画清新秀丽，以线造型后再敷色，可以多次罩染，一般使用熟宣纸或绢。工笔画先要画好稿本，先用狼毫小笔勾勒，然后随类敷色，层层渲染，从而取得形神兼备的艺术效果。其中工笔画又分工笔重彩与工笔淡彩。"工笔重彩"又叫重着色，多以矿物质颜料如朱砂、石青、石绿等色着染；染色步骤较为复杂，经多次叠染，色彩深沉厚重，富丽堂皇，精致工整，富于装饰效果。"工笔淡彩"主要使用较透明的植物质色（又叫水色）着染。淡彩着染的基本方法与重彩相同，但比重彩着染要简便一些。因此，淡彩具有线条清晰、色彩明快、清新淡雅朦胧的效果。

阎立本，《历代帝王图卷》（局部）

李成，《读碑窠石图轴》

范宽，《溪山行旅图轴》

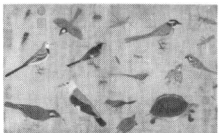

黄荃，《珍禽图》

中国画的写意画是在工笔画的基础上发展而来的。在绘画初期的萌芽阶段，由于造型能力的原因，表达出来的形是简单而幼稚的，是似是而非的，类似儿童的绘画，可以说是"以意表形"；随着人们绘画经验的不断积累，写形的能力大大提高，进入了"以形写形"的阶段；但随着时代的发展，画家们并不以形似为满足，逐渐认识到了"神似"的重要性，即希望在造型上表现对象的内在本质精神和性格特征。写意画摆脱了自然形的限制，而追求以笔墨为载体的情感宣泄，开拓了艺术表现上的自由空间。它不受形的约束，但并不完全脱离形，游离在具象与抽象之间。正如齐白石所说："不似为欺世，太似则媚俗，妙在于似与不似之间。"似与不似之间就有了一定的空间，画家在作画过程中，为了追求物象的内在本质即神韵，就要对物象的特征加以强调、夸张，对形进行必要的概括、取舍、归纳。中国写意画的这个过程叫作"遗貌取神"，这种造型观念叫作"意象造型"。画家笔下的形象既跳出了特定时空中客观物象再现的制约，又由于形的限制而避免了过于随意性，使作品既来源于生活，又高于生活，既有形的观念，又有自我情感的表露，达到了极完善的幻化境界。

中国写意画的用笔来源于书法，在唐代就形成了书画同源的观点。张彦远在《历代名画记》中说："夫象物必在于形似，形似须全其骨气，骨气形似，皆本于立意而归于用笔，故工画者多善书。"元代以后，中国的文人画发展到鼎盛时期，中国写意画家更注重以书入画。清赵之谦以魏碑笔法入画，吴昌硕以石鼓文笔法入画，笔法因素独立于物象之外使画家更能直抒情感，增加写意画的审美价值。自元代以来，由于文人墨客的介入，中国的写意画一直把追求意境美放在首位，画家的文学修养直接反映到作品中，"诗中有画，画中有诗"不仅成为衡量作品雅俗、优劣和文野之分，而且成为认定画家艺术修养高低的重要标准。历代优秀的中国写意画家，尽管风格面貌各不相同，成就的取得无不立足于作品格调的高雅，而作品格调的追求，又是以意境为第一要素的。王冕画梅："不要人夸颜色好，只留清气满乾坤"；郑板桥画竹："衙斋卧听萧萧竹，疑是民间疾苦声"；齐白石的作品《蛙声十里出山泉》没有画青蛙，只画了几只蝌蚪，但十里蛙声如在耳边响起。这些作品如果舍弃了诗化的意境，格调的高雅便不复存在了。八大山人画中荒寞寂寒的意境和冷僻孤独的艺术形象，直接表达了他的内心情感；徐渭笔墨恣肆的大写意，是他怀才不遇心境的宣泄；徐悲鸿画的马临风傲立、气势威猛，是民族精神的写照。在这些画家笔下，物象、笔墨都成为表达情感的借助物，"缘物寄情""托物言志"，从而意图达到物我交融的境界。中国写意画对画外意境的追求、以诗入画的特色，取得了其他画种难以企及的独特艺术效果，充分体现了中国传统美学偏重表现的特点。

写意画又分小写意和大写意。小写意融进工笔画的表现形式，有工有写、兼工带写，表现出既清秀淡雅又畅快淋漓的艺术效果，如南宋法常的花卉画；大写意则得意忘象，轻松洒脱，如南宋梁楷的人物、八大山人的禽鸟、石涛的山水和近代的吴昌硕、齐白石等人的作品，笔墨酣畅，张大千、刘海粟等则直接在画面上泼墨泼彩，将写意画发挥到极致。

郑板桥画竹作品

齐白石作品

八大山人作品

张大千《爱痕湖》

二、油画

油画是世界绘画史中最重要的画种，源自欧洲。历代油画家使用油画这种媒介创造出了众多人类艺术史上无与伦比的艺术品。它以挥发性的松节油和干性的亚麻仁油等为稀释剂，在亚麻布、木板、纸板及其他承载物上进行制作。油画颜料有较强的附着力及硬度，当画面干燥后能长期保持光泽，油画颜料所具有的遮盖力和透明性能较充分地表现对象，可表现出色彩丰富、体积感、空间感强的画面效果。油画既可以画得十分稀薄，表现出透明、半透明的特性，又可以画得很厚重，具有极强的遮盖力和黏着性；它既可以进行长时期的制作、反复的刻画，也可以进行即兴的表现性绘画。作为一种艺术语言，油画包括色彩、明暗、线条、肌理、笔触、质感、光感、空间、构图等多项造型因素。油画材料的性能充分提供了在二维的平面底子上运用各种油画技法的可能，油画的制作过程就是艺术家自觉熟练地驾驭油画材料，选择并运用可以表达艺术思想、形成艺术形象的技法的创造过程。油画作品既表达了艺术家赋予的思想内容，又展示了油画语言独特的美——绘画性。

油画是从欧洲绘画中的坦培拉绘画（蛋彩画）发展而来的。古代欧洲的画家们在热衷于坦培拉绘画技法的同时，渐渐发现了它的缺陷与不足，比如：颜色之间难以融合晕接，色彩不够柔和光艳，小笔多次排线过于费力，以及在潮湿的气候条件下易发霉和易开裂等。鉴于此，画家们发明了用透明漆上光以保护画面的办法。而后又有人在坦培拉底层画面上做多层透明色罩染，后称之为"上光术"或"釉染法"。这便形成了混合技法，就是一种非坦培拉绘画亦非油画的油性坦培拉技法。15世纪初期的尼德兰画家凡·爱克兄弟在前人的基础上，找到了一种理想的、在颜料的油脂中加入了天然树脂的媒剂配方，再以亚麻油和核桃油作为调和剂作画，绘画时运笔流畅，颜料在画面上干燥的时间适中，易于覆盖与修改，能形成丰富的色彩层次和光泽度，干透后颜料附着力强，不易剥落和褪色。这种油画材料的种种优越性，使得油画技术很快在西欧其他国家传开。几百年来，经过各代画家的继承和创造，油画得到了进一步的发展与完善。油画在长期的发展中形成了多种多样的绘画方法，西方美术史中的绘画大师多数都以油画材料来进行创作，我们耳熟能详的西方经典艺术作品几乎都是油画作品，如达·芬奇的《蒙娜丽莎》、伦勃朗的《夜巡》、库尔贝的《画室》、委拉斯开兹的《宫娥》、米勒的《播种者》、大卫《马拉之死》、安格尔的《泉》、达利的《记忆的永恒》等。

自从油画在15世纪初产生以来，它就获得了其他任何艺术媒介都不可超越的声誉。在其后的500多年中，它发展为最重要的绘画形式，成为世界上大多数伟大艺术家的首选

十四世纪由Bernardo Daddi所做的蛋彩画

达芬奇《蒙娜丽莎》

伦勃朗《夜巡》

库尔贝《画室》

委拉斯开兹《宫娥》

米勒《牧羊女与羊群》

大卫《荷拉斯兄弟之誓》

安格尔《泉》

媒介。油画之所以受到这种超越时间与地域的广泛欢迎，一个重要的原因就在于它具有多方面的功能，可以用多种方法来制作一幅画。油画技术也多种多样，不论一个艺术家对作品的要求是平面的还是幻觉的，硬朗的还是柔和的，厚重的堆砌还是精致的薄涂，对油画来说都是轻而易举的事情。慢干的材料媒介使画家有时间做反复的修改与调整，更重要的是，长时间的作画可以使画家在制作过程中产生出新的想法，发现新的目标。油画技法的灵活性对促使个人风格的发展起了重要作用，这是自文艺复兴以来西方绘画的重要特征。油画材料确实能使一幅作品创造出令人惊叹的美，没有哪种媒材能这样逼真地再现现实。由于东西方传统文化观念的巨大差异，一种能惟妙惟肖再现自然的绘画种类产生自西方是顺理成章的结果，也是西方科学精神的体现。

油画有两种主要画法：间接画法和直接画法。油画的间接画法也称为古典透明画法，是油画的传统画法，之所以被叫作间接画法是因为在作画过程中形与色是两个分离的过程，先做单色素描底层再以颜色层层罩染，通过透明与不透明色层的反复交错，使画面折射出材料特有的质地和美感，产生出闪烁的迷人光泽，出现一种珐琅般晶莹剔透的效果。欧洲的古典油画基本上都采用这种方法绘制，它刻画细腻，色彩保存得好，大部分的画作历经几百年时间色彩还像新画的一样，19 世纪以前古典大师的作品基本上归类为间接画法。

油画间接画法作品（局部）

间接画法分为以下两种。

（1）透明覆色法，即用不加白色而只是被调色油稀释的颜料进行多层次描绘。必须在每一层干透后进行下一层上色，由于每层的颜色都较薄，下层的颜色便能隐约透露出来，与上层的颜色形成变化微妙的色调。例如在深红的色层上涂罩蓝色，就会产生蓝中透紫的丰富效果，这往往是调色板上无法调出的色调。这种画法适于表现物象的质感和厚实感，尤其能惟妙惟肖地描绘出人物肌肤细腻的色彩变化，令人感到肌肤表皮之下流动着血液。它的缺点是色彩较为单调，制作过程工细，完成作品的时间长，不易于表达画家即时的艺术创作情感。

（2）不透明覆色法，也称多层次着色法。作画时先用单色画出形体大貌，然后用颜色多层次塑造，暗部往往画得较薄，中间调子和亮部则层层厚涂，或盖或留，形成色块对比。由于厚薄不一，能显出色彩的丰富韵意与肌理。

透明与不透明两种画法没有严格的区别，画家经常在一幅画作中综合运用。当表现处在暗部或阴影中的物象时，用透明覆色法可以产生稳定、深邃的体积感和空间感；不透明覆色法则易于塑造处在暗部以外的形体，可增加画面色彩的饱和度。19 世纪以前的画家大都采用这两种画法，制作作品的时间一般较长，有的画完一层后经长期放置，待色层完全干透后再进行描绘。

油画的直接画法是在间接画法的基础上发展而来的，19

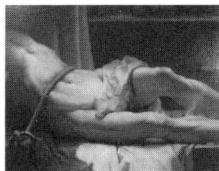
油画直接画法作品（局部）

世纪艺术观念的变革和绘画材料的新发展直接导致了技法的演变。画家不再像他们的前辈那样自制颜料，而是到颜料店里购买做好的锡管颜料和瓶装的调色油。艺术家们用便携的绘画材料在室外写生，需要快速简便的绘画方法，直接画法很快得以普及。直接画法，顾名思义就是把素描与色彩造型结合起来，在直接描绘中一并解决形、色、光、质和空间等问题。它不像古典绘画那样先画素描再层层罩染，而是直接用颜料塑造，完成时间相对较短，可薄画，可厚涂，笔法灵活，整个绘制基本上一次完成，也可分时间分步骤多次画完。鲁本斯、格列柯的画面上均有直接画法的痕迹，伦勃朗、委拉斯凯支、德拉克洛瓦、库尔贝等画家都在其作品中使用了直接画法。19世纪中叶后的许多画家较多采用这种画法，法国印象派、俄罗斯画派的油画都完全是使用直接画法来完成的。写实油画的直接画法对造型能力要求较严，有时要求一笔下去形、色、质感等俱全。直接画法的表现力更强，绘画的表现手法更多。这种画法中每笔所蘸的颜料比较浓厚，色彩饱和度高，笔触也较清晰，易于表达作画时的生动感受。为使一次着色后达到色层饱满的效果，必须讲究笔势的运用即涂法，常用的涂法分为平涂、散涂和厚涂。平涂就是用单向的力度、均匀的笔势涂绘成大面积色彩，适于在平稳、安定的构图中塑造静态的形体；散涂指的是依据所画形体的自然转折趋势运笔，笔触比较松散、灵活；厚涂则是全幅或局部地厚堆颜料，有的形成高达数毫米的色层或色块，使颜料表现出质地的趣味，形象也得到强化。

油画的题材分为人物画、风景画和静物画，另外还可以按表现的内容分为历史画、风俗画等。

人物画是把生活中具体的人作为表现对象，揭示具体人物的性格特征和社会生活风貌。欧洲的宗教题材作品都是以人物为描绘对象的。圣母、基督等形象都来源于生活中的人物形象。15世纪，油性颜料的兴起使画家能够更准确、更生动地表现人物皮肤和服饰的特质与光线和环境气氛的细微差别。贝里尼、达·芬奇、拉斐尔、提香等绘画大师的人物画作品都具有极高的真实感。17世纪、18世纪的人物画，其形象更为自然真实并富有魅力，人物画技法更为娴熟。到了19世纪和20世纪，人物画的风格出现了多样化。人物画又可分为肖像画、风俗画、历史画和军事画。肖像画包括头像、胸像、半身像、单人像、双人像和群体像等。就性质而言，肖像画又分为纪念性人物肖像、盛装人物肖像、生活人物肖像、自画像等。自画像是众多画家惯用的题材。荷兰肖像画大师伦勃朗一生作了大约70余幅自画像，并且创造了独特的"伦勃朗式用光"，他的肖像画通常只在脸和手部用光而将其余部分隐在暗部。风俗画是以表现社会生活、风土人情为题材的绘画作品。风俗画多取材于现实生活，最容易引起大众的共鸣。如法国米勒的《拾穗》《晚钟》，博鲁盖尔的《行走的盲人》等。历史画主要表现有重要意义的历史事件，其中包括神话传说、历史故事以及现实生活中有意义的事件，如达维特的《拿破仑加冕》、列宾的《查

圣像画

伦勃朗《自画像》

老彼得·勃鲁盖尔《农民婚礼》

苏里科夫《近卫军临刑的早晨》

董希文《开国大典》

莫伊谢延科《红军来了》

陈逸飞《占领总统府》

霍贝玛《林间小道》

康斯特勃《麦田》

波罗什人写信给土耳其苏丹》、董希文的《开国大典》等。军事画是以表现战争为主题的作品，如西班牙画家委拉斯开兹的《布列达之降》、陈逸飞的《占领总统府》。

油画风景的发展大体经历了古典主义、现实主义、印象主义、后印象主义以及现代象征性风景等几个阶段。在美术史发展中，无论中外，景物的描写多以人物画的背景出现。按照普列汉诺夫的说法，西方直到 19 世纪，"人们才开始为风景而珍视风景"。在欧洲，风景画作为一种独立体裁最早始于 17 世纪的荷兰画家，17 世纪荷兰画家霍贝玛的作品《林间小道》如同一首乡村牧歌，优美宁静，令人陶醉，散发出淡淡的泥土芬芳的气息，洋溢着一种热爱自然、热爱生命的欢快情调。在构图处理上，霍贝玛的《林间小道》运用独特精到的透视方法，画面的视点处理得很低，两排树木和地平线构成十字形，构图十分稳定，小道消失处便是透视的灭点。英国风景画家透纳、康斯泰勃尔的风景作品一扫古典派的棕褐色调，显出一派清新的大自然色调。19 世纪法国画家柯罗的《蒙特枫丹的回忆》，表现了大自然优美而意境清幽的景色，具有梦幻般的美感。在受到巴比松画派和英国风景画家户外写生的启迪后，19 世纪的印象派画家则以光和色彩作为认识世界的中心，画家大胆走出画室，面对大自然进行写生

柯罗《维拉达福瑞小镇》　　莫奈《印象·日出》　　毕沙罗《红屋顶》　　列维坦《春潮》

创作，在风景油画的色彩把握方面完成了一次伟大的革命，实现了从传统模仿性艺术只注意对象的明暗变化转到了研究光在物体上造成的丰富色彩效果的关键性转变，西方风景油画色彩的表现在尝试中找到了突破口。到了印象派时期，"光色表现"成为如马奈、莫奈，毕沙罗、西斯莱等画家们风景画研究的目的。在俄国，出类拔萃的风景画家当属列维坦，此外，还有希施金、谢洛夫等优秀的风景画家。不过，需要指出的是，后印象派出现之前，风景画家们的目标一直是忠实地表现大自然之美，画的是画家们的眼中之景。而塞尚、梵高、高更也是主要以风景画为题材的画家，但他们对景写生的时候，已超越了单纯模仿自然的阶段，而注重表现自己对自然的认识与理解，注重抒发主观情感。如塞尚的《圣维克多山》，梵高的《星月夜》等。进入20世纪后，在西方的政治、经济、文化的巨大变化影响下，西方的风景油画充满了前卫特色，与传统文艺分道扬镳的各种现代主义艺术思潮和风格流派纷纷出现，成为当代西方艺术的主要潮流。

　　静物画多取材于日常用具、花卉、水果、食品以及猎获物等。画家以物写情，通过对静物的描绘反映生活气息和时代特点。西方的静物画大约在古希腊的古典时期就已经产生了，其萌芽甚至可以追溯到爱琴美术中克里特的陶器彩绘，如其中以

塞尚《圣维克多山》

梵高，《星月夜》

荷兰小画派的静物画

夏尔丹《静物》

梵高《向日葵》

独幅画方法描绘的花卉。在古罗马帝国时期，静物画可能已经比较普遍，在庞贝城遗址所留存的壁画中就有不少独立的静物画和动物画作品，如《桃子与玻璃瓶》《器皿、鸡蛋和猎物》《水果盘与双耳尖底瓶》；动物画有《树与蛇》《花丛中的鹭鸶》《鹭鸶与蛇》等。一般认为欧洲近代最早的静物画是意大利画家巴尔巴里在1504年所作的《静物：鹧鸪与铁臂铠》。到17世纪，静物画在意大利、荷兰等渐趋普遍。17世纪的静物画以荷兰画派最具成就，不仅静物题材多样，而且描绘细腻、华丽、精美、质感极强。主要代表画家有海姆、克拉斯、考尔夫、贝耶林等。艺术史上，对静物画的发展产生过重大影响的画家有卡拉瓦乔、柯尔内斯、夏尔丹、马奈、塞尚等。如18世纪法国画家夏尔丹，他把静物的题材范围扩大到了以往不被人们注意的形象上——朴实、简单的厨房用具和食物，把极普通的对象变成了富于美感的艺术品。在其朴素而真诚的静物画里，画家以娴熟的绘画技巧和多样的表现方法，以丰富而统一的色调所构成的微妙的细节变化，充分表现了日常生活中隐含在普通物体中的美。18、19世纪，静物画获得长足发展，产生了无数佳作，风格也日趋多样。静物更是印象派画家借以研究光色变化的一个途径，马奈、莫奈、西斯莱等画家通过对静物的写生来探寻色彩的奥秘。从19世纪末的后印象主义开始，静物画进入了一个新的探索阶段。梵高通过静物写生的方式宣泄激情，塞尚在静物画的创作中追求绘画的形式语言美感，研究绘画的内在结构，开拓了静物画创作的新天地，并且启迪了西方现代艺术追求形式创新的新方向，开启了现代主义之门。野兽主义、立体主义等现代主义流派进一步发展了静物画创作的新形式。现代艺术家通过静物画题材来研究艺术的形式与观念，如马蒂斯在静物画里寻找色彩的最佳表现方式，意大利艺术家乔治·莫兰迪的静物画通过极普通的瓶子来揭示艺术的哲理。另外，静物画还成为画家练习技巧和学院美术教学的一种手段而得到普及。

三、其他画种

水彩画、水粉画都是以水为媒介调和色彩作画的画种，在作画时讲究画面的色彩关系与体积关系，因其材料和作画工具的便携性，经常作为现场写生的一种绘画方式。版画是在木板或其他载体上用刀或其他工具作画后，通过相应的方法转印到纸或布等材料上的一个画种。它按板材材料的不同分为木版画、铜版画、石版画等，又按印制颜料的不同分为油印版画、水印版画、色彩版画或黑白版画等。另外，还有以夸张变形为特征的漫画，为书籍文章做图解的插画，为某一政治、商业或公益等目的做宣传的宣传画，以建筑墙面等为载体的壁画等。

塞尚《苹果和桔子》

乔治·莫兰迪作品

第二节
雕塑

  雕塑指用各种可塑材料创造出具有一定空间的可视、可触的艺术形象，借以反映社会生活、表达艺术家的审美感受的艺术。"雕"是在原材料上做减法，"塑"则是堆增可塑物质性材料，艺术家通过"雕"与"塑"的手法来达到艺术创造的目的。雕塑按使用材料可分为木雕、石雕、金属雕塑、牙雕、冰雕、泥塑、面塑等。雕塑可分为三种基本形式：圆雕、浮雕和透雕。圆雕是指可以多方位、多角度欣赏的三维立体雕塑。它的创作手法与形式有写实性与装饰性的，也有具象与抽象的、户内与户外的；雕塑内容与题材也是丰富多彩的，可以是人物，也可以是动物以及其他对象；材质上有石质、木质、金属、泥塑、纺织物、纸张、植物、橡胶等。圆雕作为雕塑的造型手法之一，应用范围极广，是最常见的一种雕塑形式。浮雕是雕塑与绘画结合的产物，根据它在半面载体上的凸出程度，又可分为浅浮雕或高浮雕。浮雕的空间构造可以是三维的立体形态，也可以兼备某种平面形态；既可以依附于某种载体，又可相对独立地存在。一般来说，为适合特定视点的观赏需要或装饰需要，浮雕相对圆雕的突出特征是经形体压缩处理后的二维或平面特性。透雕大体有两种：一是在浮雕

天安门广场人民英雄纪念碑的浮雕

的基础上，一般镂空其背景部分，有的为单面雕，有的为双面雕；二是介于圆雕和浮雕之间的一种雕塑形式，也称凹雕、镂空雕。

　　雕塑是一门古老的艺术形式，它的产生和发展与人类的活动紧密相连，同时它又受到各个时代宗教、哲学等社会意识形态的直接影响。因此，一些著名的雕塑作品几乎成了时代的象征，如陕西临潼出土的秦始皇陵兵马俑，那浩浩荡荡的阵势展现出大秦王朝的国力强盛，法国巴黎凯旋门的浮雕《马赛曲》使人想起1793年革命时期为法兰西而战的法国英雄，而天安门广场人民英雄纪念碑的浮雕作品则是一部凝固浓缩了的中国近代史。

一、中国雕塑

　　中国雕塑的历史大致可以追溯至公元前4000年以上。最初的雕塑可以从原始社会的石器和陶器算起，这是中国雕塑的序幕。造型多样的陶器，为中国雕塑的多向性发展奠定了基

彩陶簋

西周时期青铜器《徙鼎》

战国青玉蚕纹龙形佩

三星堆青铜器

础。新石器时代后期出现了造型丰富、纹饰多样的陶器，既是生活中的必需日常用器，也是可以欣赏的艺术品。商、周时期的青铜器是用于祭祀、生活、乐器、兵器、工具等方面的实用器物，这些大量的青铜器为奴隶主所占有，是某种统治、权威、财富的象征。从整体风格上看，商代青铜器比较端庄、沉重，气质伟岸；西周前期、中期的作品比较华丽，装饰繁缛，形象怪张，有一种神秘的色彩笼罩其上；而西周晚期的则比较写实，不再咄咄逼人，装饰上也相对简洁了一些。另外，在这个时期还有用石、玉、陶等材料制成的雕塑作品。据文史资料记载，当时的人们很喜欢佩戴玉器，除了审美意义还兼有道德伦理上的含义。商周墓中经常会有玉雕的佩饰品，有玉鳖、玉虎、玉人等，以简洁明快的手法表现出人和动物的形象特征。四川广汉三星堆出土的青铜器反映了我国古代杰出的雕塑艺术水平，这些制作于新石器时代晚期并延续到商末周初的艺术品有着令人惊讶的现代风格。在三星堆祭祀坑出土的上千件青铜器、金器、玉石器中，最具特色的首推三四百件青铜器。其中，一号坑出土青铜器的种类有人头像、人面像、人面具、跪坐人像、龙形饰、龙柱形器、虎形器等。二号坑出土的青铜器有大型青铜立人像、跪坐人像，有象征着皇权的金杖、黄金面具，还有礼器、乐器、兵器、铜树及一批青铜饰件。三星堆青铜器在造型方面强调大胆地夸张变形，具有完美的装饰性和神秘感，它的造型风格使人联想到玛雅文化，所表现出的令人惊叹的青铜冶铸技术代表了我国商周时代青铜器铸造艺术的高度，充分展现了中国青铜时代辉煌的艺术成就。

秦代在雕塑方面有重大发展，最引人注目的就是大型陶兵马俑和铜车马。秦始皇吞并六国以后，建立秦王朝，统一货币、文字、度量衡等。秦代的雕塑题材更加贴近生活，从功能上看，也逐步走向独立。秦代承袭了春秋战国的朴实，作品趋于写实。秦汉时期的总体雕塑风格比较恢宏，强调力度和气势。秦始皇陵兵马俑出土于1974～1976年，主要以兵俑和马俑居多。体态与真人等大，数量众多，气势磅礴，人物有立、有跪，形象写实，神态各异。从人物结构上看，比例合适，动态自然。秦代兵马俑的出土，显示出我国在2000多年以前就有了很高的雕塑艺术水平，它是古代劳动人民智慧的结晶。与秦俑同时发现的另外一个雕塑艺术史上的奇迹就是铜车马。这些铜车马比秦俑要小些，为铸铜而成，做工更为精细，更为考究。汉代的雕塑风格质朴而厚重，从至今还存有的西汉霍去病墓等一批杰出的石雕艺术作品中，我们可以清楚地看到汉风的气势。霍去病墓雕塑是为纪念西汉名将霍去病而创作的，其中"马踏匈奴"高190厘米，作者用象征的手法，借战马的形象来体现霍去病的威猛和战功卓著，整个雕塑浑然一体，四肢之间没留空间，突出了体、量的沉重感。霍去病墓石雕群中完整的有十二三件，其体积之大，风格之独特，在中外雕塑史上都很罕见。这一组雕塑气魄雄厚，石雕采用巨大的整体石块，利用其自然外形加以艺术处理，灵活使用圆雕、浮雕、线刻的表现手法来达到其造型目的。

秦始皇陵兵马俑

秦代兵马俑

秦代铜车马

马踏匈奴

在三国、两晋、南北朝时期，佛教的盛行使佛像艺术得到蓬勃发展，佛像雕塑成了中国雕塑史中重要的一页。石窟雕刻是佛像艺术常见的表现形式，中国佛像雕塑的发展路线

云冈石窟

石狮

避邪

与从印度佛教传入中国的路线一致，由丝绸之路传入内地。从甘肃的敦煌石窟、炳灵寺石窟、新疆拜城克孜尔石窟，再到甘肃天水麦积山石窟、山西大同云冈石窟、河南洛阳龙门石窟、江苏南京栖霞山石窟等。从雕塑风格的演变，可以看出佛教艺术在中国发展的同时也逐渐融入了中国的文化。以云冈石窟中的人物雕塑为例，早期的佛像风格与印度艺术粗犷豪放的风格相近。到了北魏末年，因为佛教已经逐渐普及，所以此时雕塑的作品已经具有了中国元素。到了唐朝，佛教雕塑则完全表现出中国独特的造像特色，是中国佛教雕塑艺术最灿烂辉煌的时代，这时期的佛教雕塑人物造型颀长匀称，敦厚典雅，表现出仁慈大度的大慈大悲形象。自唐宋以后，佛教雕塑洞窟石刻的造像形式逐渐被寺庙盛行的泥塑、木雕所取代。石兽雕塑是中国传统雕塑的一大特色，动物形象以狮子为多，中国人把狮子视为吉祥、勇敢、威武的象征，这种艺术最初出现于汉代，设置在帝王贵族的陵墓前和神道两侧。经过长期的发展演变，狮子的艺术形象已成为象征着权力和尊严的符号，多安放在古代权力部门、富贾贵族的大门两侧来显示地位，具有护卫的作用。石兽雕塑除了狮子的艺术形象以外，也有在综合多种野兽形象的基础上加以创造想象的，如被称为"麒麟"和"避邪"的怪兽。

进入 20 世纪以后，中国的雕塑艺术受西方文化的影响，发生了根本性的变化，真正意义上的雕塑艺术家开始产生，而不再由工匠来完成雕塑艺术创作。民国时期是中国雕塑艺术由传统向现代发展的重要转型期，传统雕塑日益衰落，一批抱有艺术理想的年轻人赴法国、意大利、比利时、日本、美国等国家学习西方雕塑。他们回国以后，通过雕塑创作、创办雕塑系科、译介西方雕塑文献和资料，成为现代雕塑的拓荒者，他们亦成为中国第一批真正意义上的雕塑家。这些年轻雕塑家凭借从国外学到的写实雕塑技法，塑造名人肖像，创作纪念碑式雕塑，使雕塑进入上层社会和城市公共空间，并为中国现代雕塑艺术的发展奠定了基础。这一时期有影响的雕塑家有滕白也、江小鹣、李金发、刘开渠等人。

　　1949年新中国成立以后，我国的雕塑艺术得到了蓬勃发展，产生出一批有影响的作品，并涌现出一批卓有成就的雕塑家。如由刘开渠、滑田友、王临乙、萧传玖、张松鹤、曾竹韶、傅天仇等参加创作的北京天安门广场"人民英雄纪念碑"的浮雕、潘鹤创作的反映红军长征题材的雕塑《艰苦岁月》、王朝闻的《刘胡兰》、四川雕塑家集体创作的《收租院》等。以社会主义现实主义手法进行创作在1949年以后成为中国雕塑的主流，它的造型形式有英雄主义、理想化和纪念碑性的特点。从1978年底开始，中国进入了改革开放的新时期，与正在起步的大规模城市化的过程同时，中国的城市雕塑得到了高速的发展。尽管这一时期的城市雕塑仍然是以主题性的、纪念性的作品为主，但是在艺术风格和手法上较之过去已经有了巨大的变化，其中重要的作品有《歌乐山革命烈士纪念碑》《南京雨花台烈士纪念碑》《珠海渔女》《五羊石像》《李大钊》等。1990年前后，随着中国社会的转型，中国雕塑也发生了一个重要的转变，这个转变可以称之为观念和文化上的转变，雕塑家们开始自觉地关注当代社会，对各种社会现象进行文化思考，关注当代社会的变化和各种问题，

潘鹤《艰苦岁月》

南京雨花台烈士纪念碑雕塑

强调作品的观念性和现实针对性，表达艺术家的人文关怀。与此同时，传统的雕塑观念也正在转变，一些受当代西方艺术思想影响的表现方式和手法的作品逐渐被社会认同，如装置艺术、现成品雕塑等。

二、西方雕塑

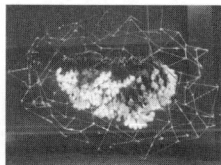

装置艺术

狮身人面像

西方雕塑主要以欧洲为中心，可分为古希腊与古罗马时期、文艺复兴时期、19世纪法国雕塑和20世纪西方现代雕塑。西方雕塑源于古希腊和古罗马，在整个西方美术传统中，古希腊雕塑占有十分重要的地位。同时古希腊雕塑又受古埃及雕塑的影响，古埃及雕塑的内容都与宗教与神有关，世界著名的古埃及雕塑《狮身人面像》有20米高、50多米长，仅面孔就高达5米，它和其他的法老肖像一样在造型形式上体现出庄严、雄伟、浑厚和稳固，遵循着亘古不变的古埃及"正面律"的程式。古埃及雕塑的审美理想是追求"永恒"，而古希腊雕塑的审美理想则是追求"真实的美"。希腊艺术是理想主义的、简朴与典雅精致的，古希腊悠久的神话传说是古希腊雕塑艺术的源泉，是古希腊人对自然与社会的美丽幻想，他们相信神与人具有同样的形体与性格，因此，即使是表现神的形象也源自现实中的人，并赋予其更为理想更为完美的艺术造型，如《米罗岛维纳斯》，也有体现悲剧性英雄风格的《拉奥孔》等。一般认为，古希腊最著名的雕塑家是菲狄亚斯、米隆和波利克里托斯。菲狄亚斯设计了雅典卫城建筑，创作了卫城内大量雕刻和装饰浮雕，他的作品创造了典雅、静穆的形象，例如《命运三女神》是古典雕刻的理想美的典范。米隆的代表作品有《掷铁饼者》与《雅典娜和玛息阿》等，被认为是希腊艺术黄金时期——古典时期的开创者。波利克里托斯的作品有《执矛者》与《赫拉女神像》等，他的主要贡献在于他对于人体结构的深入探索，他认为最理想的人体是头与全身的比例为1：7，是"黄金分割"学说的创造者。

米罗岛维纳斯

　　古罗马雕塑沿袭了古希腊雕塑追求"真实之美"的传统，但比希腊时期的雕塑更加世俗化，罗马雕塑的成就主要表现在肖像雕塑和纪念碑雕塑上，这些肖像雕塑不仅形似，同时还十分讲究表现人物的性格特征，比如《奥古斯都全身像》和《卡拉卡拉像》。经过千年漫长的中世纪之后，欧洲的雕塑艺术又迎来了曙光。15世纪意大利文艺复兴运动时期，相继涌现出许多雕塑大师，文艺复兴的雕塑以更完美的技巧、宏伟的气魄和深刻的思想标志着欧洲雕塑史上继古希腊古罗马以后的第二个高峰。米开朗基罗是文艺复兴时期最重要的雕塑家，他与达·芬奇、拉斐尔并称为文艺复兴三杰，米开朗基罗的雕塑作品有他23岁创作的《哀悼基督》、26岁创作的取材于圣经英雄人物的《大卫》像以及《摩西》《被缚的奴隶》

拉奥孔

奥古斯都全身像　　　　米开朗基罗《大卫》　　　　阿波罗与达芙妮

《垂死的奴隶》和圣洛伦佐教堂里的美第奇家族陵墓群雕等。

16世纪末和17世纪的欧洲巴洛克艺术盛行，这个时期最重要的雕塑家是贝尼尼，他以几乎可以乱真的写实技巧被称为"巴洛克时期的米开朗基罗"。巴洛克风格以强调"运动"与"变化"为特点，巴洛克艺术具有奢华的享乐主义与浓郁的浪漫主义色彩，作为华丽的宫廷雕塑，贝尼尼作品起伏的形体和流畅的线条更具有其戏剧性的效果和纪念碑的气势，有着强烈的艺术魅力，如他完成于1624年的雕塑作品《阿波罗与达芙妮》。浪漫主义作为欧洲的一种文艺思潮，产生于18世纪末到19世纪初的资产阶级革命时期，它在政治上反对封建专制，在艺术上与严谨的古典主义相对立，创作题材取自现实而又超越现实，充满了激情与想象，吕德的雕塑《马赛曲》和卡尔波的雕塑《花神》都是浪漫主义雕塑的杰出代表作。19世纪50年代前后，法国的现实主义运动诞生，现实主义反对一些僵死的艺术教条，主张关注日常生活，在现实中寻找艺术灵感。现实主义雕塑家中以罗丹的成就为最高。在西方的艺术史上他将写实主义雕塑推向了最后的高峰，同时也是他叩响现代雕塑的大门，此后，西方艺术家的作品转而追求表达个人的艺术观念。

罗丹的作品具有强烈的视觉张力，我们看《思想者》，能感觉到透过坚硬的雕塑有一股生命力在向外膨胀，仿佛引起了我们灵魂的震动。他的代表作还有《吻》《巴尔扎克像》《加莱义民》等。罗丹的创作和艺术思想对于后世的雕塑有着深远的影响，并和他的两个学生马约尔和布德尔一起，被誉为欧洲雕塑的"三大支柱"。马约尔的《塞纳河》和布德尔的《拉弓的赫克利斯》是他们的代表作。

罗丹作品《思想者》

从艺术家们一旦觉悟到艺术并不一定要模仿眼睛看到的现实形式开始，艺术就被完全解放了。立体主义的产生掀开了雕塑史的现代部分新篇章，1909年毕加索的作品《妇女头像》是一个重要标志。立体主义在雕塑语言内部建立了一种以几何形体的构成为基础的自身逻辑。这时的雕塑已不再是对视觉表象的忠实记录，它与传统的雕塑观念产生了决定性的断裂。20世纪西方的雕塑创作进入了多元化的时代，而在这之前的所有雕塑流派，不论他们追求的艺术方向是什么，有一个共同点是作品的形式都是具象可辨认的，而现代派雕塑则彻底将艺术与现实形象割裂，从而开启了一个崭新的艺术时代。布朗库西是抽象雕塑代表人物之一，被公认为是20世纪最具原创性的重要雕塑家，他作于1913年的肖像雕塑《波嘉尼小姐》已初露抽象雕塑的端倪。英国现代雕塑家亨利·摩尔在艺术上的拓展主要体现在空间的连贯性方面，他从空洞、薄壳、套叠、穿插等手法中把人物的因素大胆而自由地异化为有韵律、有节奏的空间形态。摩尔早期作品上的空洞通常采用比较传统的形式，如弯曲的手臂状与主体相连，后来逐渐演变成为主体躯干上的空洞，因此造成主体凹

罗丹作品《加莱义民》

布德尔《拉弓的赫克利斯》

毕加索的雕塑《妇女头像》

布朗库西《波嘉尼小姐》

亨利·摩尔作品

凸或弯曲的外形,他的创作为英国在现代主义艺术中占据了一席之地。瑞士雕塑家贾柯梅蒂以其对开放空间结构的探索确立了他独特的现代主义雕塑语言,无论单人像或是群像,贾柯梅蒂独特的火柴杆式的人物展示了一种人类精神的影像,尽管孱弱无助,但却直直地挺立着,尽管伤残而犹疑,但却行进着寻找着。它几乎已始终不变地被作为现代人孤独感的完美写照。杜尚是现成品艺术的创始人之一,他认为"艺术正在被拿来作为一种符号的形式"。

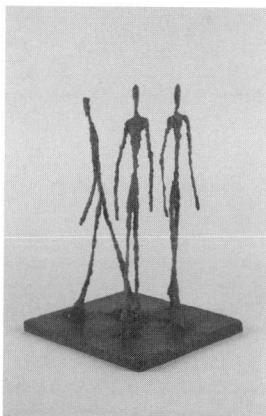

贾柯梅蒂作品

杜尚作品《自行车轮》

第三节
书法

书法，是一种以文字符号为表现对象的艺术形式，除了汉字书法以外，其他文字也都有自己的书法形式与语言。中国书法，是以中国汉字书写的一种传统艺术，它在长期发展的历史中融入了丰富的文化内涵和审美价值，具有特定的形式美和抽象性，它并不以再现客体世界为基础，而是借助于汉字，直抒作者的审美情感。中国书法主要有五种书体，即楷书体（包含魏碑、正楷）、行书体（包含行楷、行草）、草书体（包含章草、小草、大草、标准草书）、隶书体（包含古隶、今隶）和篆书体（包含大篆、小篆）。书法艺术在中国源远流长，深受人们喜爱，中国历史上书法大家辈出，如王羲之、王献之、欧阳询、颜真卿、柳公权、赵孟頫、张旭、怀素、苏轼、黄庭坚、褚遂良、米芾等。

图形是中国文字的前身

追根溯源，原始文字起源于人的模仿本能，它用于形象化某个具体事物，但它已经具备了一定的审美情趣，这种简单的符号可以称之为史前的书法。中国的书法艺术开始于原始社会的象形文字或有文字功能的象形符号，其中在距今约6000年前的仰韶文化的半坡遗址出土的彩陶上有一些类似文字的简单刻画，这些符号已区别于花纹图案而具有特定指向，这可以说是中国文字的最早起源；还有在河南洛阳偃师

象形文字

中国古代文字的演化

甲骨文

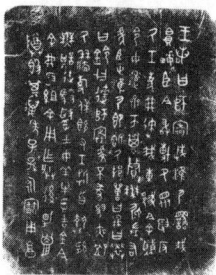
金文

石鼓文

小篆

二里头文化考古发掘中发现有刻画记号的陶片，发现有单个独立的类似殷墟甲骨文字，都证明了汉文字的发展历史。中国的甲骨文是时代最早、体系较完整的文字，它也是最早的书法。它是在龟甲和兽骨上刊刻的文字，因为首次在河南安阳殷废都大量发现，故又称"锲刻文字"或"殷墟文字"。严格地讲，只有到了甲骨文，才称得上是书法，因为甲骨文已具备了中国书法的三个基本要素：用笔、结字和章法。金文是刻于青铜礼器上的铭文，早在商代就已经与甲骨文同时出现。最早的铭文类似于图腾，后来经过逐渐发展，初期的象形特征慢慢蜕化，笔道肥粗，弯笔多，团块多，具有了装饰美的特征。石鼓文是唐代在陕西凤翔发现的我国最早的石刻文字，世称"石刻之祖"，被历代书家视为学习篆书的重要范本。因为文字刻在十个鼓形的石头上，故称"石鼓文"。石鼓文在书法史上具有承前启后的重要地位。它的字体是典型的秦国书风，对后来秦代小篆的出现产生了很大的影响。小篆又称秦篆，指的是秦统一六国以后的一代文字。秦始皇统一了六国以后，以整理后较规范的"小篆"为标准，并由李斯等人写成文字范本推行全国，小篆是在金文和石鼓文的基础上删繁就简而来的。秦汉时期，汉文字完成了由甲骨文、金文、小篆到隶书的衍变，形成了早期隶书（占隶），这一过程被称为"隶变"。隶变的过程其实就是中国文字由古文字系统向今文字系统演变的过程。就艺术特色而言，汉代是隶书发展水平最高、最成熟的阶段，隶书的出现是汉字书写的一大进步，是书法史上的一次革命，不但使汉字趋于方正楷模，而且在笔法上也突破了单一的中锋运笔，为以后的各种书体流派奠定了基础。汉代的隶书包括两个重要方面：一是早期的古隶，即篆书隶变过程中的出现的带有明显隶书特征的书体；二是汉隶，这里包括汉碑和汉简两大部分。东汉时竖碑之风盛行，各地碑刻隶书面目丰富多样，或朴拙或秀巧，或方刚或圆柔，或含蓄或张扬。代表碑刻有《张迁碑》《曹全碑》《礼器碑》《史晨碑》《乙瑛碑》《衡方碑》《西岳华山庙碑》《石门颂》《西狭颂》《封龙山颂》等。晋代至唐600余年间，南方文人楷书、北朝刻石楷书、唐朝楷书在中国书法史上的不同时期表现出不同的风格，楷书得以实现最后的完善，法度齐备、笔法丰富。

篆刻

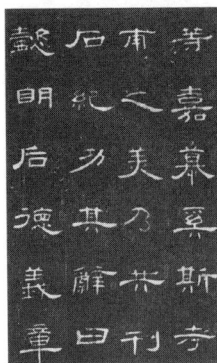
曹全碑隶书字帖

魏晋时期的艺术，受到玄学的影响，这一时期的书法因其"尚韵"而为后世所重。行书脱胎于隶书，萌生于东汉而成形于魏晋，至东晋成熟，是介于楷书和草书之间的一种书体，保留较多楷书意味的称"行楷"，兼有草书笔意的称为"行草"。行书具有拘放适中、书写流畅的优点，是比较实用的一种书体。特别在魏晋以来，随着纸的普及，行书在日常生活中成为最切实用的字体，得到了较大程度的普及。以王羲之、王献之为代表的"二王"一派行书对后世书家影响最大。唐代颜真卿的行书是对二王行书的继承与发展，他在前人的基础上，追求丰满宽厚的笔法，开创了"颜行"风格。

西安碑林博物馆收藏的碑刻

王羲之圣教序

汉代是草书发展的重要时期，草书将书法的抽象美形式发展到了极致。从近代出土的西北的敦煌、居延等地西汉中后期的简牍中可以看到成熟的草书。到了东汉，不仅有了草书的专家、草书的流派，而且最早出现的书法理论也都与草书有关。章草发展到今草，使原来的奋笔波挑变成向内呼应的收笔，或

汉礼器碑

颜真卿颜勤礼碑

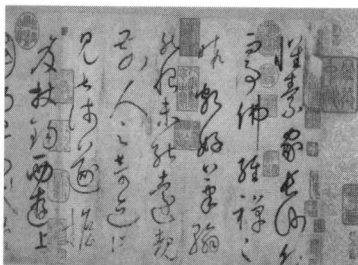
怀素书法

张迁碑

石门颂

米芾蜀素帖

生出下一个字的引带。这一改革大大加快了书写速度，加强了点画间以及字间的联系。字形也由方变圆，由断变连，甚至出现字与字的一笔连写，使书写流畅连贯、富于动态、自由放纵。这些变化为书家表现情感创造了更加有利的条件，因而产生了更加强烈的艺术感染力。从中唐开始，一种新的浪漫豪放的书风代替了初唐时期所崇尚的王羲之的书风。在草书方面，出现了一种有别于先前今草的新书体——狂草，代表书家是张旭和怀素。

中国传统书法以毛笔为主要书写工具，传统书法强调用笔的重要性，用笔即调动手指、手腕等相关部位的肌肉群，对书写工具施加作用力，通过对作用力大小、方向进行细微的调整，最终呈现出完整的汉字运动轨迹。但随着时代的发展，传统的毛笔、宣纸已不是唯一的书法工具，硬笔书法等新兴的书法形式丰富了书法这门传统艺术门类。

文学是指以语言文字为工具，形象化地表达思想感情的艺术，故又称"语言艺术"，包括诗歌、散文、小说、剧本、寓言、童话等，是艺术的重要表现形式，它以不同的表达形式来表现作者的内心情感，再现一定时期和一定地域的社会生活。

第四章
文学艺术

第一节
诗歌

一、诗歌的特点

诗歌原是诗与歌的总称，诗和音乐、舞蹈结合在一起，统称为诗歌，人们通过诗的想象与歌的抒情来表达某种强烈的情感。在中国古代，不合乐的称为诗，合乐的称为歌，后世将两者统称为诗歌。诗歌是一种大的文学样式，它要求以丰富的想象力、高度概括的表现语言来反映作者的思想感情，语言精练且形象性强，并具有一定的节奏韵律和表达形式。一般来说，诗歌是最早出现的一种文学样式。诗歌按照有无故事情节分为叙事诗和抒情诗；按照语言有无格律分为格律诗和自由诗；按照有无押韵分为有韵诗和无韵诗。中国诗歌有悠久的历史和丰富的遗产，如《诗经》《楚辞》和《汉乐府》以及无数诗人的作品。诗人需要掌握成熟的艺术技巧，并按照一定的音节、声调和韵律的要求，用凝练的语言、充沛的情感以及丰富的意象来高度集中地表现社会生活和人类精神世界。从中国最早的诗歌总集《诗经》《离骚》到唐代律诗，诗歌一直对中国文坛有着巨大的影响。汉代的乐府、唐宋格律诗、唐末兴起的词和元曲、五四以来的新诗以及历代的民间歌谣，构成了中国诗歌无与伦比的巨大精神财富。西方的叙事诗虽然发展较晚，但它结合戏剧、歌剧，也取得了很大的成就，例如荷马史诗、但丁神曲、莎士比亚十四行诗等。

二、中国诗歌

1. 诗经

《诗经》是我国第一部诗歌总集,收入自西周初年至春秋中叶大约500多年的诗歌(前11世纪至前6世纪)。现存诗经由305首诗所组成,其中分为"风""雅""颂"三类。"风"的意思是土风、风谣、声调,它包括了十五个地方的民歌,包括今天山西、陕西、河南、河北、山东一些地方(古为齐、韩、赵、魏、秦),大部分是黄河流域的民间乐歌,也称"十五国风",共有160篇,是《诗经》中的核心内容;"雅"是正声雅乐,即贵族享宴或诸侯朝会时的乐歌,按音乐的布局又分"大雅""小雅",有诗105篇,其中大雅31篇,小雅74篇;"颂"是宗庙祭祀的乐歌和史诗,内容多是歌颂祖先功业。《诗经》中诗的分类有"四始六义"之说,"四始"指《风》《大雅》《小雅》《颂》的四篇列首位的诗,"六义"则指"风、雅、颂,赋、比、兴"。"风、雅、颂"是按音乐的不同对《诗经》的分类,而"赋、比、兴"则是《诗经》的表现手法。"赋"是直铺陈叙述,是最基本的表现手法。按朱熹《诗集传》中的说法,"赋者,敷也,敷陈其事而直言之者也",即直接表达自己的感情。"比",用朱熹的解释,是"以彼物比此物",也就是比喻之意,明喻和暗喻均属此类。《诗经》中用比喻的地方很多,手法也富于变化。"赋"和"比"都是一切诗歌中最基本的表现手法,而"兴"则是《诗经》乃至中国诗歌中比较独特的手法。"兴"字的本义是"起",因此又多称为"起兴",对于诗歌中渲染气氛、创造意境起着重要的作用。《诗经》中的"兴",用朱熹的解释,是"先言他物以引起所咏之辞"，也就是借助其他事物为所咏之内容作铺垫，它往往用于一首诗或一章诗的开头。"兴"又兼有了比喻、象征、烘托等较有实在意义的用法，但正因为"兴"原本是思绪无端地飘移和联想而产生的，所以即使是描写具体的事，也不是那么如实道来，而可以是虚灵微妙的。由于"兴"是这样一种微妙的、可以自由运用的手法，后代喜欢诗歌的含蓄委婉的诗人，对此也就特别有兴趣，推陈出新，从而构成了中国古典诗歌的一种特征。《诗经》是我国诗歌现实主义优良传统的源头，其思想内容和艺术成就对我国文学，尤其是诗歌的发展有着深远的影响。

2. 楚辞

《楚辞》是我国第一部浪漫主义诗歌总集。楚辞的主要作者是屈原，他创作了《离骚》《九歌》《九章》《天问》等不朽作品。在屈原的影响下，楚国又产生了宋玉等楚辞作者。现存的《楚辞》总集中主要是屈原及宋玉的作品，其他作者的作品大都未能流传下来。到了汉代，西汉文学家刘向把屈原的作品及宋玉等人的作品编辑成集，名为《楚辞》。《楚辞》中最主要的作品是屈原的《离骚》，它是我国古代最长的一篇积极浪漫主义抒怀诗，这首近 2500 字的长诗叙述了诗人的身世和志向，表现了作者的进步理想，通过表现诗人一生不懈的斗争，以悲剧形式反映了楚国统治阶层中正直与邪恶两种势力的尖锐斗争，暴露了楚国的黑暗现实和政治危机，表达了他为国为民的不屈精神。作品运用楚地（今两湖一带）的文学样式、方言声韵，叙写楚地的山川人物、历史风情，具有浓厚的地方特色。《九歌》本为古代乐歌，相传是夏启从天上偷来的。屈原在民间祀神乐歌基础上创作的《九歌》，袭用了古代乐歌的名称，共十一篇。其中保存了关于云神、山神、湘水神、河神、太阳神等的神话故事，是研究上古民俗和楚文化的珍贵资料。《天问》是一首长诗，它对自然宇宙和社会历史提出的一百七十多个问题中，保存了许多神话传说和古史资料。

《楚辞》是在楚国民歌的基础上经过加工、提炼发展而来的，具有浓郁的地方特色，《楚辞》中屈原、宋玉作品所涉及的历史传说、神话故事、风俗习尚以及所使用的艺术手段、浓郁的抒情风格，无不带有鲜明楚文化色彩，这是《楚辞》的基本特征，是与中原文化交相辉映的楚文化的重要组成部分。它的诗歌形式较为抒情浪漫，有别于北方传统的《诗经》，但同时《楚辞》又是南方楚国文化和北方中原文化相结合的产物。世人称《楚辞》的写作风格为"骚体诗"，它的句式可长可短，篇幅宏大，内涵丰富复杂。它打破了《诗经》那种以整齐的四言句为主，简短朴素的表现形式，是我国浪漫主义诗歌创作的源头。后人将《诗经》与《楚辞》并称为风、骚，风指《诗经》中的十五国风，充满着现实主义精神；骚指《楚辞》中的《离骚》，充满着浪漫主义气息。风与骚成为中国古典诗歌现实主义和浪漫主义的两大流派。《楚辞》在中国诗史上占有重要的地位，它打破了《诗经》以后两三个世纪的沉寂而在诗坛上大放异彩，对后世的文学产生了深远的影响。

3. 玉台新咏

《玉台新咏》是继《诗经》《楚辞》之后中国古代的第三

部诗歌总集。其收录作品上至西汉，下迄南朝梁代，收诗769篇，共为10卷，如中国古代长篇叙事诗《孔雀东南飞》就首见此书。内容中多收录男女感情的记述表达以及日常生活的方方面面，刻画出古代女子丰富的感情世界，也展示出深刻的社会背景和文化内涵。它重视南朝时兴起的五言四句的短歌句，收录达一卷之多，对唐代五言绝句这一诗体的发展有一定的推动作用。

唐代（公元618—907年）是我国古典诗歌发展的全盛时期。唐诗是我国优秀的文学遗产之一，也是全世界文学宝库中一颗灿烂的明珠。尽管距离现在已有1000多年了，但许多诗篇还是为我们所广为流传。唐诗的形式多种多样，唐代的古体诗主要有五言和七言两种，近体诗也有两种，一种叫作绝句，一种叫作律诗，绝句和律诗又各有五言和七言之不同。唐诗的基本形式基本上分为六种：五言古体诗、七言古体诗、五言绝句、七言绝句、五言律诗和七言律诗。古体诗对音韵格律的要求较松，一首之中，句数可多可少，篇章可长可短，韵脚可以转换。近体诗对音韵格律的要求较严，一首诗的句数有限定，即绝句四句，律诗八句，每句诗中用字的平仄声有一定的规律，韵脚不能转换。古体诗的风格是前代流传下来的，又称为古风，近体诗有严整的格律，又称它为格律诗。唐诗的形式和风格丰富多彩，它不仅继承了汉魏民歌及乐府的传统，并且大大发展了歌行体的样式；不仅继承了前代的五、七言古诗，又发展为叙事言情的鸿篇巨制；不仅扩展了五言、七言形式的运用，还创造了风格特别优美整齐的近体诗。近体诗的创造和成熟是唐代诗歌发展史上的一件大事，它把我国古曲诗歌的音节和谐、文字精练的艺术特色推到了前所未有的高度，为古代抒情诗找到一个最典型的形式，至今还特别为人民所喜闻乐见。

4. 唐诗

唐诗大部分都收录在《全唐诗》中，《全唐诗》是中国规模最大的一部诗歌总集，由曹寅等在清朝初年编汇。全书共900卷，共收录唐代诗人2529人的诗作42863首。自唐朝开始，有关唐诗的选本不断出现，而流传最广的当属蘅塘退士编选的《唐诗三百首》。按照时间，唐诗的创作分初唐、盛唐、中唐、晚唐四个阶段。

初唐时期，初唐诗坛沉浸在"梁陈宫掖之风"里，宫廷诗人如虞世南、上官仪、杨师道、李义府等，诗风淫靡浮艳。沈佺期、宋之问两人虽未摆脱齐梁影响，但他们完成了律诗形式的定型，在声律方面有重要贡献。这一时期的代表作家是"初唐四杰"——王勃、杨炯、卢照邻、骆宾王。他们积极开拓诗歌的表现领域，从题材内容到格律形式都有新的探索，显露出新的独特风貌。继四杰之后，陈子昂以鲜明的创造革新精神扫荡齐梁余风，他提倡的"汉魏风骨"以复古为革新，作品内容丰富，刚健朴实，有着很强的现实性，开启了诗坛一代新风。

盛唐时期，经济繁荣，国力强盛，是唐诗发展的顶峰时期。这段时期，题材广阔，流派众多，出现了"边塞诗派"与"田园诗派"等诗歌流派。伟大的浪漫主义诗人李白和伟大的现实主义诗人杜甫即这一时期最杰出的代表。他们的诗雄视千古，为一代之冠，在他们的笔下，无论五律七律、五绝七绝、古风歌行皆达到很高的艺术成就。李白同情劳动人民，蔑视权贵，追求自由，表现出对封建社会毫不调和的叛逆态度。他的诗歌创作带有强烈的主观色彩、极其丰富的艺术想象力、豪迈的气概和激昂的情怀、洒脱不羁的气质、易于触动而又易爆发的强烈情感，形成了李白诗抒情方式的鲜明特点，李白成为屈原之后中国浪漫主义诗歌的新的高峰。杜甫思想的核心是儒家的仁政思想，诗风沉郁顿挫，忧国忧民。作为现实主义的"诗圣"，杜甫的诗词以古体、律诗见长，风格多样。他的诗具有丰富的社会内容、强烈的时代色彩和鲜明的政治倾向，反映了当时的社会矛盾和人民疾苦，记录了唐代由盛转衰的历史巨变，表达了崇高的仁爱精神和强烈的忧患意识，因而被誉为"诗史"。他善于运用古典诗歌的方法，并加以创造性地发展，标志着我国诗歌艺术的高度成就。杜甫在五七律上也表现出显著的创造性，积累了关于声律、对仗、炼字炼句等完整的艺术经验，使这一体裁达到完全成熟的阶段。杜甫是唐诗艺术的集大成者，又是新乐府诗体的开路人，他的乐府诗，促成了中唐时期新乐府运动的发展。杜甫流传下来的诗篇是唐诗里最多最广泛的，他是唐代最杰出的诗人之一，对后世影响深远。盛唐时期另有王维、孟浩然代表田园诗派和高适、岑参代表边塞诗派，王维、孟浩然、储光羲、常建等山水田园诗人，语言清新洗练，意境深幽秀丽，但思想内容上带有逃避现实的消极因素；高适、岑参、李颀、王昌龄等边塞诗人，把边塞的奇丽景色与建功立业的英雄壮志结合在一起，气势雄伟，情调悲壮，具有奇情异彩的艺术魅力。

中唐时期，诗人各有成就，元结、顾况等人的诗继承了杜甫同情人民、批判现实的精神，诗风质朴，词意深挚。刘长卿、韦应物主要以山水诗见称，风格含蓄温和，清雅洗练，皆自成一家。贞元、元和年间，诗坛又出现繁盛的景象。白居易、元稹、张籍、王建等倡导"新乐府运动"继承杜甫的现实主义传统而加以发展，以批判现实为主旨，写下大量政治讽喻诗。成绩最卓著的要数白居易，他提出"文章合为时而著，歌诗合为事而作"的进步理论主张，白居易的诗通俗易懂，深受群众喜爱，代表作有《长恨歌》《琵琶行》等。其他诗人如韩愈、孟郊、柳宗元、刘禹锡、李贺等在艺术上也有各自创造。其中韩孟一派努力探索诗歌的新形式、新风格，对宋诗影响很大。李贺则在语言形象上精思独造，形成独特的浪漫主义风格。在元白和韩孟两派诗人之外，柳宗元的山水诗意境深沉，情致委婉。刘禹锡的《竹枝词》富有民歌风味，开朗流畅，都有鲜明的特色。

晚唐时期较著名的诗人有李商隐、杜牧、温庭筠、韦庄等。晚唐五代的诗感伤颓废的情调和矫揉造作的风气逐渐增浓，李商隐的诗文辞清丽、意韵深微，有些诗较晦涩；杜牧与李商隐齐名，人称"小李杜"，他的古体诗受杜甫的影响，题材广阔，入木三分，他的近体诗则以文词清丽见长，他们对唐诗的七律和七绝在艺术技巧的发展上有独特的贡献。但晚唐时期总的趋势是诗坛冷落，接近唐诗的尾声。

唐诗完成了中国古典诗歌各种形式的创造。古体诗的五言、七言、乐府歌行，近体诗的五律、七律、五绝、七绝、排律，无不齐备。这些形式，上承风骚，下启词曲，并成为中国文学史上流传最普遍、影响最深远的诗体。唐诗的成就空前绝后，成为以后各代诗的榜样。

5. 宋词

宋词是中国古代诗体的一种，是继唐诗后的又一种诗歌艺术形式，它始于中国南北朝时期的南朝梁代，形成于唐代，在宋代达到其顶峰。宋词远从《诗经》《楚辞》及《汉魏六朝诗歌》里汲取营养，又为后来的明清戏剧小说输送了养分。宋词是中国古代文学的一朵奇葩，它用委婉的意境与动人心魄的美丽词汇与唐诗争奇，与元曲斗艳，在世界诗歌史上独占鳌头。词是一种与音乐有联系的文学样式，词所配合的音乐是所谓燕乐，又叫宴乐，其主要成分是由西域胡乐与民间乡土之曲相融而成的一种新型音乐，主要用于娱乐和宴会的演奏，隋代已开始流行。而配合燕乐的词的起源，也就可以上溯到隋代。词最初主要流行于民间，大约到中唐时期，一批诗人开始写词，并把这一文体引入文坛。到晚唐五代时期，文人词有了很大的发展，晚唐词人温庭筠以及以他为代表的"花间派"词人和以李煜、冯延巳为代表的南唐词人的创作，都为宋词的发展作出了重要贡献。词终于在诗之外成为中国古代的另一种文学表现样式。进入宋代，词的发展得到了空前的繁荣，产生了大批成就突出的词人，名篇佳作层出不穷，涌现出各种风格流派。《全宋词》共收录流传到今天的词作一千三百三十多家将近两万首，从这一数字可以推想当时创作的盛况。词的起源虽早，但词的发展高峰则是在宋代，其成就与唐代诗歌并列，因此有了"唐诗""宋词"的称谓。

宋词的流派主要有婉约派、豪放派，另外还有以温庭筠、韦庄为代表的花间派。温庭筠作为晚唐著名诗人，为宋词的发展做出了积极的贡献，他的诗与词辞藻华丽，浓艳精致，内容多写闺情，如他的《更漏子·玉炉香》。

玉炉香，红蜡泪，偏照画堂秋思。

眉翠薄，鬓云残，夜长衾枕寒。

梧桐树，三更雨，不道离情正苦。

一叶叶，一声声，空阶滴到明。

韦庄也写艳情离愁，但风格不同，写作风格清淡明秀。这派的其余词人多追随温、韦余风，内容不外歌愁咏怨、悲欢离合，且多局限于男女燕婉之私，格调不高。但花间派的文字富丽惊艳，对后世词作影响较大。婉约派的特点是结构缜密，重视音律，语言圆润，清新绮丽，具有一种柔婉之美。婉约派的代表人物有李清照、李煜等，中国文学史上著名的女词人李清照与苏轼、辛弃疾、柳永并称宋词四大家，她的写作风格具有浑成、含蓄、宛曲的特点，言辞凄美动人，如李清照的《忆秦娥·临高阁》借秋景抒愁情。

乱山平野烟光薄。

烟光薄，栖鸦归后，暮天闻角。

断香残香情怀恶，西风催衬梧桐落。

梧桐落，又还秋色，又还寂寞。

亡国后的南唐后主李煜一曲《虞美人》哀婉凄凉，抒发了对往事的无限眷恋：

春花秋月何时了，往事知多少。

小楼昨夜又东风，故国不堪回首月明中。

雕阑玉砌应犹在，只是朱颜改。

问君能有几多愁？恰似一江春水向东流。

苏轼为宋词豪放派的代表人物，豪放派的特点是视野恢弘广阔，写作手法雄放大气。苏轼的《念奴娇·赤壁怀古》大气磅礴，意境开阔，将浩荡江流与千古人事并收笔下。

　　大江东去，浪淘尽，千古风流人物。
　　故垒西边，人道是，三国周郎赤壁。
　　乱石穿空，惊涛拍岸，卷起千堆雪。
　　江山如画，一时多少豪杰。
　　遥想公瑾当年，小乔初嫁了，雄姿英发。
　　羽扇纶巾，谈笑间，樯橹灰飞烟灭。
　　故国神游，多情应笑我，早生华发。
　　人生如梦，一樽还酹江月。

由于时代背景之故，慷慨悲壮之调蔚然成风，豪放词派便屹然别立一宗，震烁宋代词坛，并广泛影响后代词人。

宋代文学基本上是沿着中唐以来的方向发展起来的，宋代的诗词真正成为具有很强的政治功能而又切于实用的文体，它注重反映社会现实，题材、风格倾向于通俗化，最终形成了与唐诗大异其趣的宋代诗歌形式——宋词。宋代文学的发展改变了中国古代文学长于抒情而短于叙事、重视正统文学而轻视通俗文学的局面，并为后来元明清小说、戏曲的发展奠定了基础。

6. 元曲

中国戏剧艺术在元代达到了高度的繁荣，其中元曲的创作功不可没。元曲原本来自所谓的"蕃曲""胡乐"，首先在民间流传，随着元灭宋入主中原，它先后在大都（今北京）和临安（今杭州）为中心的南北广袤地区流传开来。元曲的形式严格说起来已不是诗歌的形式，而是诗歌转向戏曲剧本或小说创作的过渡，并带动了明清小说的发展。元曲的写作特色是它有严密的格律定式，每一曲牌的句式、字数、平仄等都有固定的格式要求，要按照一定的格式填词。元曲是中华民族灿烂文化宝库中的一朵奇葩，它在思想内容和艺术成就上都体现了独有的特色，和唐诗宋词鼎足并举，成为我国文学史上三座重要的里程碑。

元曲的兴起与发展有着多方面的原因。首先，元朝疆土的辽阔与城市经济繁荣，加以日益活跃的演出市场，为元曲的兴起奠定了基础；其次，元代各民族文化相互交流和融化，促进了元曲的形成；再次，元曲是诗歌本身内在规律及文学传统继承、发展的必然结果。所谓元曲，实包含两个部分：一是散曲，一是杂剧。散曲可以说是元代的新体诗，杂剧是元代的歌剧。散曲可以独立，同时又是构成元代歌剧的主要部分。散曲中最先产生的形式是小令，由小令而变成合调，再变为套曲。小令是民间流行的小调，经过改编，成为曲中的小令。由小令合调再进一步，是谓套曲，通称为套数，也称为大令。曲无论在音乐性还是形式的表现上，都是从词演化而来的，散曲作为继诗、词之后出现的新诗体，有着不同于传统诗、词的鲜明独特的艺术个性和表现手法，这主要表现在三个方面：一是灵活多变的句式，二是通俗化、口语化、散文化的语言风格，三是质朴自然的审美取向。比之传统的抒情文学样式的诗与词，散曲有较多的通俗文学的倾向。元代杂剧是在前代戏曲艺术宋杂剧和金院本的基础上发展起来的一种戏剧样式。元杂剧和散曲合称为元曲，两者都采用北曲为演唱形式。散曲是元代文学主体，不过因为传播途径的原因，元杂剧的影响远远超过散曲，一般人也就认为元曲也即"元代戏曲"，而事实上散曲这一灵活自由的诗词形式才是元曲的精神内核。元曲的发展从初期通俗化、口语化的特点到向文人化、专业化发展，一是因为元代一部分文人受朝廷压制而转向研究发展民间的文艺，再也是中国历史上表演艺术发展的结果，同时也是时代的产物。文人的介入，使这一民间演唱的形式得以提升到艺术的大雅之堂，出现了一批在世界上有影响的元曲作品和大家。

一般认为，关汉卿、白朴、马致远、郑光祖代表了元代不同时期不同流派创作的成就，他们被称为"元曲四大家"。关汉卿戏曲的语言通俗自然，朴实生动，极富性格，曲词不事雕琢，感情真切，精练优美，浅显而深邃。《窦娥冤》是关汉卿的代表作，也是我国古代悲剧的代表作。白朴的《梧桐雨》是一部宫廷爱情悲剧，以浓郁的抒情性、醇厚的诗味和华美的文辞描写了唐明皇和杨贵妃的爱情故事。《汉宫秋》是马致远早期的作品，也是马致远杂剧中最著名的一部，写西汉元帝受匈奴威胁，被迫送爱妃王昭君出塞和亲的故事。郑光祖在《倩女离魂》一剧中，成功地塑造了一个对爱情忠贞不渝，感情真挚热烈的少女形象，词曲工丽，细致入微地刻画了剧中人物的内心活动。关于"元曲四大家"及他们的排序，历史上有不同的意见，学术界目前基本认可民国时期国学家王国维的观点，王国维在《宋元戏曲史》中说："元代曲家，自明朝以来，称关、马、郑、白，然以年代及造诣论之，宁称关、白、马、郑为妥也。关汉卿一空倚傍，自铸伟词，而其言曲尽人情，字字本色，故当为元人第一。"有学者认为要将王实甫列入"元曲四大家"，因为他的《西厢记》在戏剧冲突、结构安排、人物塑造等方面都取得了很高的艺术成就。在《西厢记》里，王实甫描写了崔莺莺和张君瑞对爱情的热烈追求及其与封建制度的矛盾冲突，批判了封建礼教、封建门第婚姻的虚伪性和不合理性，歌颂了青年男女自由而真挚的爱情，表现了反对封建礼教和封建婚姻制度的进步思想。《西厢记》是元曲伟大的收官之作。

7. 中国近现代诗

近代是西学东渐、资本主义文明传入时期，西方的先进科学技术与新颖的资产阶级社会学说开阔了国人的眼界，冲击了人们的传统思想。中国的近现代诗就是在这样的历史背景下产生的，近代进步诗歌虽然基本上还是采取古典诗歌旧体，但是随着表现方式的扩大和内容的更新，形式上更加灵活自由。龚自珍、梁启超的一些诗明显地突破了旧的格调声律的束缚，出现了诗歌通俗化的趋势。中国近代诗歌的开端，主要表现为白话开始代替文言文，胡适的《尝试集》是近代第一个白话诗集。"五四"思想解放的局面带来了诗歌的长足发展，现代诗出现了以徐志摩、闻一多为代表的新月派，以李金发为代表的象征派，以殷夫、蒲风为代表的现实主义诗歌流派和以戴望舒为代表的现代派，还有冯至的抒情诗和鲁迅的散文诗，中国新诗进入了一个新的历史时期。20世纪上半叶，中国的诗坛人才辈出，如戴望舒、冯至、李广田、闻一多、徐志摩、沈从文、臧克家、郭沫若、艾青等。比较著名的作品有：戴望舒 1929 年出版的诗集《我的记忆》、郭沫若的诗集《女神》（1920年）、徐志摩的《志摩的诗》等。
英年早逝的唯美派诗人徐志摩的浪漫诗歌《再别康桥》如歌
如泣：

> 轻轻的我走了，
> 正如我轻轻的来；
> 我轻轻地招手，
> 作别西天的云彩。
> 那河畔的金柳，
> 是夕阳中的新娘；
> 波光里的艳影，
> 在我的心头荡漾。
> 软泥上的青荇，
> 油油的在水底招摇；
> 在康河的柔波里，
> 我甘心做一条水草。
> 那榆阴下的一潭，
> 不是清泉，是天上虹；
> 揉碎在浮藻间，
> 沉淀着彩虹似的梦。
> 寻梦？撑一支长篙，
> 向青草更青处漫溯；
> 满载一船星辉，
> 在星辉斑斓里放歌。
> 但我不能放歌，
> 悄悄是别离的笙箫；
> 夏虫也为我沉默，
> 沉默是今晚的康桥！

悄悄地我走了，

正如我悄悄地来；

我挥一挥衣袖，

不带走一片云彩。

新中国成立后，以郭小川、贺敬之等人为代表，把诗歌创作推向一个新的水平。郭小川的诗以思想敏锐、善于思索、富有号召力与鼓动性著称。郭小川诗作的总体特色是具有鲜明的时代光彩，闪耀着哲理的火花。在艺术表现上，他创造性地继承了感物言志的古诗词传统，还就诗的格式进行了各种尝试，他的代表作品有《致青年公民》《将军三部曲》《深深的山谷》等。贺敬之的诗是时代的颂歌，他通过想象、夸张、幻想等手法，注意吸收民歌古诗和外国诗歌的营养，将建立于革命理想基础上的革命浪漫主义风格表现得十分突出。其作品有《回延安》《雷锋之歌》等。

三、西方诗歌

西方的诗歌主要有史诗、叙事诗和抒情诗等。中西方诗歌的发展既有共同点也有不同之处，分别体现了人类文明的伟大成就。我们可以看到，东西方文学都是从诗歌起源的，而诗歌都是伴随着戏剧成长的。中外诗歌的发展正如其文化的发展一样，显示出思维方法与观念的差异。中国的诗歌在元代以前主要以抒情诗为主，文辞优美，意境深远，多愁善感，以小我见大我，多以抒发主体感受为主。中国的诗歌创作特别强调一个"悟"字，"顿悟"是诗歌创作的最高境界，它不一定与上文有直接逻辑的联系，但感情上具有连贯性，如同中国书法的笔断意不断，中国画中构图的留白，虚中悟实，实中悟虚，诗人追求的是一种虚无缥缈、回味无穷的情感游离效果，它铸造了中国诗歌特有的美丽意境。西方的诗歌以叙事诗为主，场面宏大，情感激烈，表现具体而写实；爱情诗则感情奔放，憧憬美好，"你是我的太阳，爱情之火烧得我浑身焦灼"与中国诗人描写爱情的"才下眉头，却上心头"形成强烈的对比，这是由文化的差异所导致的。

1. 荷马史诗

公元前11世纪到公元前9世纪的古希腊史称作"荷马时代"，这是因《荷马史诗》而得名。《荷马史诗》是这一时期唯一的文字史料，是由盲诗人荷马根据许多民间流传的故事整理而成，它由《伊利亚特》和《奥德赛》两部长篇史诗组成。两部史诗都分成24卷，《伊利亚特》共有15693行，《奥德赛》共有12110行。史诗的形成和记录几乎经历了奴隶制形成的全过程。至公元前8世纪和7世纪，这部史诗逐渐定型成为一部宏大的战争传说，在公元前6世纪的时候才正式以文字的形式记录下来。到公元前3世纪和2世纪，又经亚历山大里亚学者编订，这部书的形成经历了几个世纪，掺杂了各个时代的历史因素，《荷马史诗》可以看成是古代希腊人的全民性创作。《伊利亚特》叙述了希腊联军围攻小亚细亚的城市特洛伊的故事，集中地描写了战争结束前几十天发生的事件。希腊联军围攻特洛伊十年未克，而勇将阿喀琉斯愤恨统帅阿伽门农夺其女俘，不肯出战，后因其好友战死，乃复出战。特洛伊王子赫克托尔英勇地与阿喀琉斯作战身死，特洛伊国王普利安姆哀求讨回赫克托尔的尸体，举行葬礼。《奥德赛》叙述伊萨卡国王奥德修斯在攻陷特洛伊后归国途中十年漂泊的故事。奥德修斯受神明捉弄，归国途中在海上漂流了十年，到处遭难，最后受诸神怜悯始得归家。当奥德修斯流落异域时，伊萨卡及邻国的贵族们欺其妻弱子幼，向其妻皮涅罗普求婚，迫她改嫁，皮涅罗普用尽了各种方法拖延，最后奥德修斯扮成乞丐归家，与其子杀尽求婚者，恢复了他在伊萨卡的权力。

《荷马史诗》属叙事诗的范畴，所宣扬的是一种英雄史观。由这两部史诗组成的荷马史诗，语言简练，情节生动，形象鲜明，结构严谨，是西方第一部重要文学作品，史诗的诗句流畅、自然、优美，比喻生动形象，往往借用自然界中的动植物来比喻人，后人赞誉为"荷马式的比喻"。诗中的叙述分两种，一种是诗人以讲述者的身份所作的叙述；另一种是诗人以人物的身份所进行的表述、表白和对话。亚里士多德称第一种形式为描述，称第二种形式为表演。从这个意义上来说，荷马史诗是介于纯粹的叙事诗和戏剧之间的一种诗歌形式。荷马史诗的内容描写充满了神话传奇色彩，诗中的英雄都具有神的力量，他们在紧要的关头往往能够决定历史发展的方向。荷马是一位功底深厚、想象丰富、善于创新的语言大师。荷马史诗辞章华丽，妙语迭出，精彩、生动的用词和比喻俯拾皆是。它富有音乐性，节奏感强，诗中多处使用重复手法，词的重复、句子的重复乃至段落的重复，就像交响乐里一再出现的旋律，给人一种音乐美的感受。使用比喻来加强气氛，使得人物形象更加鲜明，也是《荷马史诗》里一个突出的艺术手法。史诗中已经出现现实主义和浪漫主义这两种最基本的创作方法，是高度的艺术概括和生动具体的细节描写的完美结合，史诗中描写的战争和人物，既有古代神话传说的因素，但又是古希腊社会生活的写照。史诗中塑造的英雄群像，如阿客琉斯、俄底修斯等，他们来源于现实，同时又是经过艺术夸张的，既具有浪漫的传奇性，又充满写实性；既有英雄的共性，又有鲜明的个性特征。

《荷马史诗》犹如百科全书，是古代希腊从氏族社会过渡到奴隶制时期的一部社会史、风俗史，在历史、地理、考古学和民俗学方面都具有很高的价值。这部史诗也表现了人文主义的思想，肯定了人的尊严、价值和力量。《荷马史诗》是欧洲文学史上最早的优秀文学巨著，在欧洲古典四大名著——荷马的《史诗》、但丁的《神曲》、歌德的《浮士德》和莎士比亚的《哈姆莱特》中，它是最早的一部。《荷马史诗》以丰富深刻的思想内容和独特精湛的艺术特色成为古希腊文化的杰出丰碑，它反映了古希腊史前时代的生活面貌，是研究希腊早期社会的重要文献，其独特精湛的艺术特色对后世欧洲文学和世界文学的发展具有深远的影响。公元前27年是古罗马文学的高峰时期，维吉尔、贺拉斯和奥维德是这个时期的三大诗人。维吉尔是古罗马最伟大的诗人，重要作品有《牧歌》《农事诗》和代表作史诗《埃涅阿斯纪》。贺拉斯是屋大维统治时期最主要的讽刺诗人、抒情诗人和文艺批评家，他提出文艺应该模仿自然、寓教于乐等著名艺术观点，重要文艺理论著作有《诗艺》等。奥维德的代表作有《变形记》。古希腊三大悲剧诗人是埃斯库罗斯、索福克勒斯和欧里庇得斯。埃斯库罗斯被誉为"古希腊悲剧之父"，代表作品为《被缚的普罗米修斯》，普罗米修斯是反抗暴君具有民主精神的英雄人物，为了人类的幸福他宁愿忍受一切苦难盗火种给人类。埃斯库罗斯认为命运支配着人的一切，包括支配神。索福克勒斯被誉为"戏剧艺术的荷马"，在索福克勒斯心中，命运是一种超乎人类之外的抽象观念：命运是不可抗拒的，其代表作《俄狄浦斯王》中主要表现个人意志与命运的冲突，通过描写雅典人在社会危机下的矛盾心理，亚里士多德认为《俄狄浦斯王》是古希腊悲剧的典范。欧里庇得斯善于在剧中制造矛盾，是"问题剧"的创始者，被誉为"舞台上的哲学家"，在希腊三大悲剧诗人中，他最富于民主精神，同情妇女，悲剧《美狄亚》最早为妇女鸣不平，对男女不平等进行了批判。欧里庇得斯对希腊悲剧发展的最主要贡献是写实手法和心理刻画。

2. 但丁的神曲

被恩格斯称为"中世纪最后一位诗人，同时又是新时代的最初一位诗人"的但丁是意大利中世纪的著名诗人，与莎士比亚、歌德并称为世界三大文学巨匠。但丁早年曾师从著名学者拉蒂尼，系统学习了拉丁文、修辞学、诗学和古典文学，受古罗马诗人维吉尔影响极大。但丁精心研究神学和哲学，此外，他在绘画和音乐领域也造诣不凡。但丁一生著作甚丰，其中最有价值的无疑是长诗《神曲》。这部作品通过作者与地狱、炼狱及天国中各种人物的对话，反映出中世纪文化领域的成就和一些重要的社会及人生问题，作品涉及广泛，带有"百科全书"的性质，并预示着文艺复兴时期人文主义思想的曙光。在这部史诗中，但丁抨击了中世纪的蒙昧主义，表达了对真理地执着追求，对欧洲后世的诗歌创作有极其深远的影响。《神曲》全诗长 14233 行，分为 3 部，每部 33 篇，由"地狱""炼狱"和"天堂"三部分构成，各部分诗行也大致相符，不仅工整、匀称，结构本身也富有象征含义。诗中的许多人物虽然是但丁笔下的鬼魂，但由于均有现实依据，因此写得血肉丰满，性格鲜明，令人难以忘怀。《神曲》运用意大利民族语言写成，从内容到形式都具有民族特色。《神曲》采取中世纪梦幻文学形式，引导读者一一游历了地狱、炼狱和天堂。首先是富有寓意的序曲部分，"昏暗的森林"是指当时佛罗伦萨以及整个意大利混乱的政治环境，"三只猛兽"分别代表淫欲的豹、野心的狮子和贪婪的狼。地狱分为九圈，是惩恶扬善所在，罪大恶极的人都在这里受到痛苦的煎熬。炼狱分为七层，是根据经院哲学派的七恶划分，有不道德行为的人靠自己的忏悔和行为改造自己。天堂分为九重，宏伟庄严，流光溢彩，充满仁爱和欢乐，行为高尚的人在这里享受着永恒的幸福。但丁在《神曲》中反映了他个人在政治上的挫折和人生的遭遇，流露出他对人类和意大利民族前途的忧虑，《神曲》是他以诗的形式去揭露现实、评判善恶、描绘理想、探索民族复兴的道路。《神曲》展示出诗人惊人的想象力，把以梦幻、寓意、象征为特点的中世纪文学艺术推向了高峰。《神曲》代表了中世纪文学的最高成就，是中世纪文学哺育出的瑰宝。《神曲》中表现出的深刻批判精神和新思想的萌芽，使诗人成为文艺复兴新时期即将到来的预言者。

3. 欧洲文艺复兴时期的诗歌

14 到 17 世纪初欧洲的文艺复兴是一系列新兴资产阶级思

想文化运动的总称。它以发掘、整理和研究古希腊、古罗马的文化遗产，复兴古典文化为标志，以反对封建观念，建立适应资本主义生产关系和资产阶级需要的新思想新文化为目标，它的指导思想是以"人"为中心的人文主义。文艺复兴开辟了欧洲历史上的新纪元，它是西方近代文化的开端。人文主义主张一切以人为本，反对神的权威，把人从中世纪的神学下解放出来。意大利是人文主义文学的诞生地，彼特拉克是意大利人文主义文学的先驱，代表作《歌集》包括十四行诗和抒情短诗。十四行诗原是意大利民歌的一种体裁，彼特拉克创造性地加以运用，使之成为欧洲诗歌中一种新诗体，为西方近代抒情诗开辟了道路。

法国文艺复兴运动中诞生的"七星诗社"是法国文学史上第一个文学团体，它由七位诗人组成，其宗旨是研究和借鉴古希腊和古罗马文学，对法国诗歌进行革新。由杜倍雷执笔写成的《保卫与发扬法兰西语言》是七星社的宣言。杜倍雷关于建立统一的民族语言和提倡诗歌改革的主张，为法国文学的革新做出了贡献。法国近代第一位抒情诗人龙沙是七星诗社的中心人物，主要成就是爱情诗，代表作有《给爱尔兰的十四行诗》等。

4. 莎士比亚的十四行诗

莎士比亚是文艺复兴时期英国伟大的戏剧家和诗人，是人文主义最杰出的代表，近代欧洲文学的奠基者之一。马克思称他为"人类最伟大的戏剧天才"，其作品代表了英国文学的最高成就。莎士比亚早期写的两部长诗是《维纳斯与阿都尼》和《鲁克丽丝受辱记》。前者描写爱神维纳斯追求青年猎手阿都尼的故事；后者写鲁克丽丝不堪忍受王子塔昆的强暴而自杀，其夫报仇，塔昆家族被推翻的故事。十四行诗在莎士比亚的笔下得到发展，成为华丽诗体。莎士比亚的十四行诗无疑是那个时代的佼佼者，他的诗一扫当时诗坛矫揉造作、绮艳轻靡、空虚无力的风气。他的诗充分肯定了人的价值，赞颂人的尊严、个人的理性作用。诗人将抽象的概念转化成具体的形象，用可感可见的物质世界形象生动地阐释了人文主义的命题。莎士比亚十四行诗大约创作于1590年至1598年之间，其诗作的结构技巧和语言技巧都很高，几乎每首诗都有独立的审美价值。莎士比亚在运用这个诗体时，极为得心应手，主要表现为语汇丰富、用词洗练、比喻新颖、结构巧妙、音调铿锵悦耳。而其最擅长的是最后两行诗，往往构思奇诡，语出惊人，既是全诗的点睛之处，又自成一联警语格言。在英国乃至世界十四行诗的创作中，莎士比亚十四行诗是一座高峰，当得起空前绝后的美称。莎士比亚的十四行诗总体上表现了一个思想：爱征服一切。

　　　我怎么能够把你来比作夏天？
　　　你不独比它可爱也比它温婉：
　　　狂风把五月宠爱的嫩蕊作践，
　　　夏天出赁的期限又未免太短：
　　　天上的眼睛有时照得太酷烈，
　　　它那炳耀的金颜又常遭掩蔽：
　　　被机缘或无常的天道所摧折，
　　　没有芳艳不终于雕残或销毁。
　　　但是你的长夏永远不会凋落，
　　　也不会损失你这皎洁的红芳，

或死神夸口你在他影里漂泊，

当你在不朽的诗里与时同长。

只要一天有人类，或人有眼睛，

这诗将长存，并且赐给你生命。

莎士比亚的诗歌在形式上一改传统的意大利十四行诗体四四三三体，而是采用了四四四二体，在前面充分地发挥表达的层次，在充分的铺垫之后，用两句诗结束全诗，点明主题。全诗用新颖巧妙的比喻、华美而恰当的修饰使人物形象鲜明，生动活泼。

5. 弥尔顿的三部曲

17世纪，英国弥尔顿取材于《圣经》的三部著作长诗《失乐园》《复乐园》和诗剧《力士参孙》，表现了资产阶级清教徒的革命理想。《失乐园》主要叙述了人类的始祖亚当和夏娃在魔鬼撒旦的诱惑下，偷吃了智慧之树上的果子而被上帝逐出伊甸园的故事。长诗规模宏伟，格调高昂，被认为是欧洲文学史上文人史诗的典范之一。《复乐园》叙述了耶稣不为撒旦所诱惑的故事。诗人通过耶稣坚贞不屈的形象表达了资产阶级革命者坚定的意志和勇于牺牲的精神。《力士参孙》是弥尔顿的诗剧，以色列民族英雄参孙是大力士，被挖掉双眼囚于地牢，最后复仇与三个非利士人同归于尽。这部悲壮的史诗表现了诗人在复辟时期所受迫害的悲愤心情以及宁死不向复辟势力妥协的决心。

6. 歌德的浮士德

歌德是德国伟大的民族诗人，他的抒情诗是近代德国抒情诗的开端。歌德的诗歌充满了积极、健康、乐观的精神，如《五月之歌》《欢会与离别》等。歌德的诗剧代表作《浮士德》是世界文学史上里程碑式的作品。《浮士德》取材于德国16世纪的民间故事，浮士德将灵魂卖给魔鬼，来探求新的生活，浮士德自强不息、追求真理，经历了书斋生活、爱情生活、政治生活、追求古典美和建功立业五个阶段。《浮士德》是一部长达12111行的诗剧，第一部25场，不分幕，第二部分5幕，27场。全剧没有首尾连贯的情节，而是以浮士德思想的发展变化为线索。《浮士德》构思宏伟，内容复杂，结构庞大，风格多变，融现实主义与浪漫主义表现手法于一炉，将真实的描写与奔放的想象、当代的生活与古代的神话传说杂糅一处，善于运用矛盾对比法安排场面、配置人物，有讽有颂，形式多样，达到了极高的艺术境界。诗剧高度浓缩了从文艺复兴到19世纪初期几百年间德国乃至欧洲资产阶级探索奋斗的精神历程，歌德将浮士德作为全人类命运的一个化身来加以塑造。从中我们可以看到18世纪启蒙主义者描绘的"理性王国"的影子和19世纪空想社会主义者呼唤未来的声音。

7. 英国诗人拜伦

拜伦是英国19世纪初期伟大的浪漫主义诗人，其代表作品有《哈罗德游记》《唐·璜》等。《唐·璜》是一部未完成的长篇讽刺叙事诗，或称诗体小说。通过主人公唐·璜这位"古代朋友"几乎遍及全欧洲的冒险经历，展示出18世纪末至19世纪初欧洲的社会现实。主人公唐·璜的形象英俊、骄傲、胆大，他热情、玩世不恭，不绝望也不忧郁。他随波逐流，听天由命，没有反抗和积极进取精神。唐·璜的智慧和生活态度，融有拜伦自己的感受和时代特征。诗中对广泛涉及的社会现状、政治制度、道德风尚、生活习惯、上流社会人物以及英国社会施以深刻的评论，体现了作者对普遍人性的把握，又热切地把自由精神传达给了世界，是一部反映时代精神的史诗。拜伦还写有一组取材于东欧地中海沿岸各国和远东土耳其等地的作品，总题为《东方叙事诗》，包括互相独立的 6 部诗篇：《异教徒》《阿比托斯的新娘》《海盗》《莱拉》《巴里西那》和《科林斯的围攻》。此段时期英国其他著名的诗人还有英国浪漫主义诗歌流派"湖畔派"代表作家华兹华斯，作品有长诗《序曲》等。雪莱，英国文学史上最有才华的抒情诗人之一，作品有《云雀》《西风颂》等。

8. 俄罗斯诗人普希金

普希金，俄国著名诗人，俄国浪漫主义文学主要代表，同时也是现实主义文学的奠基人，被高尔基誉为"俄国诗歌的太阳"。在普希金的抒情诗中，最能体现他个性、最具有社会影响的是他的政治抒情诗，如《自由颂》《致恰达耶夫》《乡村》等。普希金的爱情抒情诗自然质朴、真挚而纯洁，著名作品有《致凯恩》《皇村的回忆》《十月十九日》《窗》《我爱过你》等。《叶甫盖尼·奥涅金》是普希金最重要的一部诗体小说，也是俄国现实主义文学的奠基石，它和《上尉的女儿》一起被誉为"俄罗斯生活的百科全书"。普希金在诗中以精湛的现实主义艺术手法塑造了典型环境中的典型人物，表达了那个时代俄罗斯青年的思想和苦闷，不幸和悲剧。《叶甫盖尼·奥涅金》通过人物的生活和遭遇，真实展现了俄国社会的生活画面，揭示了沙皇主义专制制度下俄国社会的矛盾和丑恶，是俄国批判现实主义文学的奠基作，对当时和以后的俄罗斯文学产生了巨大的影响。

此外，茹科夫斯基是俄国浪漫主义诗歌的奠基人，被誉为俄国文学史上第一位抒情诗人，他的诗轻快明朗，丰富多样，充满了激情，其浪漫主义倾向带有感伤与神秘主义倾向，作品有《傍晚》《俄罗斯军营的歌手》《海》以及《十二个睡美人》等。此段时期俄国其他著名的诗人还有雷列耶夫、莱蒙托夫等。裴多菲是19世纪匈牙利最伟大的革命诗人，匈牙利民族文学的奠基人，资产阶级革命民主主义者。为中国读者所熟悉的"生命诚可贵，爱情价更高；若为自由故，两者俱可抛。"出自于他的诗《自由与爱情》。他采用民歌体写诗，形式上对民歌形式加以发展，语言上加以提炼，他用这种表现方法创作了许多优秀诗篇。裴多菲的贡献主要是在诗歌创作方面，尤其是在抒情诗方面，除创作大量革命诗歌外，他还写有政论、戏剧、小说和散文等多种形式的作品，一生中写了约1000首抒情诗和8部叙事长诗，其中最著名的有《雅诺什勇士》和《使徒》，对匈牙利文学的发展具有重大影响。1849年7月31日，裴多菲在瑟克什堡大血战中同沙俄军队作战时牺牲，年仅26岁。

第二节
小说

　　小说是四大文学样式之一，它通过塑造人物、叙述故事、描写环境来反映生活、表达思想。小说的优势是可以提供整体而广阔的社会生活。与散文、诗歌、戏剧相比，小说的容量更大，它能细致地描述人物性格和人物命运，可以表现错综复杂的矛盾冲突，同时还可以展现人物所处的社会生活环境。小说既可以通过完整故事情节的叙述和具体环境的描写来反映社会生活，也可以用其他手法与形式来表现作者的文学主张。小说以时间为序列，以某一人物或几个人物为主线来详细、全面地反映社会生活中各种角色的价值关系（政治关系、经济关系和文化关系）的产生、发展过程及相互作用。

一、小说三要素

　　小说具有三个要素：人物、情节、环境。它以塑造人物形象为中心，人物的刻画与表现是小说的主要目的，深入而具体的环境描写和跌宕起伏的情节设计都是以人物塑造为中心，都是为烘托人物形象而存在的。小说通过故事情节来展现人物性格，通过环境描写渲染气氛、表达人物的心情。在环境描写中，社会环境是重点，它揭示了种种复杂的社会关系，如人物的身份、地位、成长的历史背景等，自然环境包括人物活动的地点、时间、季节、气候以及景物等。

1. 人物形象

人物的核心是思想性格，人物描写的角度有正面描写和侧面描写。正面描写包括外貌、语言、动作、神态、心理等，侧面描写通常以他人或事物来反映该人物，又叫侧面烘托。小说塑造人物，可以以某一真人为模特儿，综合其他人的一些事迹，如鲁迅所说："人物的模特儿，没有专用过一个人，往往嘴在浙江，脸在北京，衣服在山西，是一个拼凑起来的角色。"任何一部优秀的小说，总有使人难忘的典型人物。

2. 故事情节

故事情节是指作品所描写的事件发展和演变的全过程，小说的故事情节一般来源于生活，它是现实生活的提炼，它比现实生活更集中，更有代表性。现实生活中的事件和矛盾是有始有终，有起有伏，并有一定发展过程的，因而小说情节的展开也是有段落、有过程的。这个过程一般分为开端、发展、高潮、结局四个部分。有时还有序幕和尾声。在作品中，情节的安排取决于作者的艺术构思，并不一定按照现实生活中事件发生、发展的自然顺序，有时可以省略某一部分，有时也可颠倒或交错。

3. 环境描写

环境描写是指对人物活动的环境和事情发生的背景作描写。一部好的小说就总能让人身临其境，作者总是能以优美的文笔、生动的描写和丰富的想象力把这个故事牢牢地刻印在读者的脑海里。环境描写分为自然环境和社会环境。自然环境描写是指对人物活动的时间、地点、季节、气候等的描写，作用是渲染故事气氛、烘托人物形象、推动情节发展、暗示社会环境、深化作品主题。社会环境描写是指对人物活动的具体背景、氛围以及人际关系等作描写，作用是交代人物的生存环境、人物的社会关系与作品的时代背景等。

二、中国小说

中国古代小说的雏形源于魏晋南北朝的文人笔记小说，唐代传奇的出现标志着古典小说的正式形成，宋元两代，随着商品经济和市井文化的发展，出现了话本小说，为小说的成熟奠定了坚实的基础，明清小说是中国古代小说发展的高峰。中国的小说样式经历了前秦的古代神话小说、汉晋六朝的志人志怪小说、隋唐的传奇小说、宋元的话本小说、明清的章回小说、现当代的白话小说以及当前兴起的网络小说的发展，取得了极其辉煌的成就。按照小说的历史时期，可粗略划分为两大阶段，即新文化运动以前的古典小说阶段和新文化运动以后的现当代小说阶段。

中国的古典小说萌芽于先秦，发展于两汉，雏形于魏晋南北朝，形成于唐代，繁荣于宋元，鼎盛于明清。古典小说大致可分五个时期。

（1）先秦两汉时期：当时社会流传的神话传说、寓言故事和史传文学等成为古典小说叙事的源头，其中，神话传说已经具备人物和情节两个基本因素。

（2）魏晋南北朝时期：出现了志怪、志人小说。但从严格意义上说这仍然算不上是小说，只能算是小说的雏形。《世说新语》是这个时期的优秀作品，里面收集了许多短小精悍的小故事。

（3）唐朝时期：古代小说的发展趋于成熟，形成了独立的文学形式，即传奇体小说，由此我国的小说脱离历史领域而成为文学创作。唐代三大爱情传奇《李娃传》《莺莺传》《霍小玉传》是此时期的标志性作品。

（4）宋元时期：商品经济的发展和市井文化的兴起，给小说创作提供了深厚的土壤。话本经过文人加工形成许多话本小说和演义小说。

（5）明清时期：小说开始走上了文人独立创作之路，这一时期，小说作家主体意识增强。《红楼梦》的出现把中国古代小说发展推向了高峰，达到前所未有的成就。明清时期涌现出无数经典之作流传于世，如明代四大奇书（《西游记》《水浒传》《三国演义》《金瓶梅》），三言二拍（《醒世恒言》《警世通言》《喻世明言》《初刻拍案惊奇》《二刻拍案惊奇》），清代的《红楼梦》《儒林外史》《老残游记》《聊斋志异》等。

中国现当代小说的兴起以新文化运动为标志，新文化运动是五四运动的先导，现当代小说大致可分为以下三个时期。

第一时期为民国时期。尤其是五四以来，西方文化有力地冲击了中国的传统文化，社会各种思潮流行，中国小说的发展出现多元化倾向，其中现代言情小说的发端鸳鸯蝴蝶派就出现在此时。晚清民国报纸的兴起为小说创作提供了一个上佳的舞台，报纸通过连载小说招揽人气，小说家通过报纸赚取稿费。近现代几乎所有著名的小说家最初都是从报纸上连载小说开始，从鸳鸯蝴蝶派的张恨水到鲁迅。正统小说的代表性人物有"鲁、郭、茅、巴、老、曹"六大家。

第二时期为新中国成立后到"文革"结束。这一时期的小说带有明显的政治倾向，同时，这一时期的文艺青年经历了重大的人生转变，命运的沉浮、多视角的阅历以及对社会价值的思考，为下一个时期的辉煌埋下了伏笔。而在港台地区，这一时期的武侠小说和言情小说发展到了巅峰，金庸和琼瑶是代表性人物。

第三时期为改革开放后。这一时期的小说展现出强劲的生命力，"文革"结束，对外开放，知识分子思想解放，对过去的反思，对未来的向往，传统和新时代的撞击，使得小说界欣欣向荣。以莫言、贾平凹、陈忠实等为代表的作家，在此期间创作了许多经典作品，莫言更是凭借在此期间创作的文学作品和影响力，在2012年获得中国第一个诺贝尔文学奖。

另外，随着网络普及，网络文学的出现打破了传统的书写和传播模式，为小说的发展赢得了更大的空间，"80后""90后"的生力军开始步入文坛并创作出大量的小说作品，标志着网络小说已经成为主流文学之外的又一创作主体。

三、西方小说

中西方的小说历史都是以神话传说为其发展渊源的。在西方小说发展的初期，如古巴比伦的《吉加美士史诗》，古希腊的《荷马史诗》《伊索寓言》等都是搜集整理于民间的传说，它们已具有小说讲求虚构的特点，但仍不是文人的创作，所以这类小说情节比较简单，文学语言较少。由于中世纪的思想禁锢，西方小说发展近乎停滞，14 世纪末的文艺复兴推翻了教会对文学的控制后，西方开始提倡思想自由和个性解放，西方小说正是在这个背景下得到快速的发展而逐渐成熟起来的。配合当时欧洲反封建的需要，出现了一些以描写现实生活和刻画各阶层的人物形象为内容的人文主义小说，这类小说的产生同时也定下了西方小说以记叙凡人凡事为主的基调。意大利伽丘的《十日谈》、西班牙塞万提斯的《堂吉诃德》等都是这类小说的代表作品。之后出现的古典主义小说主张用典雅的民族规范语言去写作，这种小说在 17 世纪的法国发展得最完备，代表作有高乃依的《熙德》，古典主义小说的兴起使西方小说语言得到了一次大幅的提高。18 世纪开始流行以宣传科学知识、启蒙大众意识为目的的启蒙主义小说，其中比较著名的有德国歌德的《浮士德》、英国笛福的《鲁滨逊飘流记》、斯威夫特的《格列佛游记》等，这类小说的出现是为了给当时的资产阶级革命大造舆论。19 世纪以后，浪漫主义小说、现实主义小说和批判现实主义小说交替占据小说领域的主导地位。浪漫主义小说如法国雨果的《巴黎圣母院》、歌德的《少年维特之烦恼》等，富于想象、构思奇特、语言奔放、感情炽烈。现实主义小说则着力反映生活的本质，描绘典型人物和典型生活现象，英国的狄更斯、法国的都德为这类小说的代表作家。批判现实主义小说着力暴露封建制度的腐朽没落和资本主义社会的黑暗，深刻批判现实的罪恶，法国巴尔扎克和莫泊桑，英国的夏洛蒂·勃朗特，俄国的托尔斯泰、陀思妥耶夫斯基，美国的马克·吐温等一大批作家的作品都属于这一类。时至今日，这三类小说仍是西方文坛最主要的三类小说。

除了小说的基本特点外，中西方小说还具有各自不同的特点，在人物描写方面：中国传统小说注意人物行动、语言和细节的描写，在矛盾冲突中展示人物形象；西方小说则多注重人物的心理描写，强调挖掘人物内心的潜意识，善于写出丰满、变化、主体感强的人物性格。如《水浒传》中"林教头风雪山神庙"一章中通过林冲等人物的对话及动作引出矛盾冲突，而安娜·卡列尼娜卧轨前的一系列矛盾是用她的心理描写来表达的；林黛玉在吟诗作对中表现出她的聪慧，而保尔用内心独白表明他的理想。在故事情节的描写方面：情节曲折、故事完整是中国小说独特的艺术传统。中国小说较之西方小说情节更加曲折，故事更为完整。魏晋南北朝的志人志怪小说就具有曲折生动的特点。唐传奇中许多名篇的布局异常宏伟，严谨而巧妙，故事情节发展富于戏剧性。明清的长篇小说内容参差错落，波澜起伏，错落有致，结构缜密，浑然一体，如《红楼梦》，处处设伏，回回转折，写尽贾府故事。在表现语言方面：中国小说语言简练生动，西方小说内容丰富翔实。中国小说吸收了民间艺人语言，同时继承了古代散文的优良传统，常常寥寥数语便能勾勒出事件、人物。西方小说中包含着作者广博的知识，涉及社会许多方面，因而内容丰富翔实，人们可以从中获得许多领域的知识。中西方小说不同的特点，也反映出中西方文化传统与美学观念的不同。

第三节
散文

散文是没有严格的韵律和篇幅限制的文学形式，一般把凡是不押韵、不重排偶的散体文章概称散文。随着文学概念的演变和文学体裁的发展，散文的概念也时有变化，在某些历史时期又将小说与其他抒情、记事的文学作品统称为散文，以区别于讲求韵律的诗歌。现代散文是指除小说、诗歌、戏剧等文学体裁之外的其他文学作品。其本身按其内容和形式的不同又可分为杂文、小品、随笔等。散文形散而神不散，是最自由的文体，不讲究音韵，不讲究排比，没有任何束缚及限制。它的表现形式多种多样，杂文、短评、小品、随笔、速写、特写、游记、通讯、书信、日记、回忆录等都属于散文。散文篇幅短小、形式自由、取材广泛、写法灵活、语言优美、生动有趣，是一种非常实用的文体。

一、散文的特点

1. 形散神不散

"形散"主要是说散文取材十分广泛自由，不受时间和空间的限制，表现手法不拘一格，可以叙述事件的发展，可以描写人物形象，可以托物抒情，可以发表议论，而且作者可以根据内容需要自由调整、随意变化。"神不散"主要是从散文的立意方面说的，即散文所要表达的主题必须明确而集中，无论散文的内容多么广泛，表现手法多么灵活，无不为更好地表达主题服务。

为了做到形散而神不散，在选材上应注意材料与中心思想的内在联系，在结构上借助一定的线索把材料贯穿成一个有机整体。

2. 文中有意

散文意境深邃，注重表现作者的生活感受，抒情性强，情感真挚。作者借助想象与联想，由此及彼，由浅入深，由实而虚地依次写来，可以融情于景、寄情于事、寓情于物、托物言志，表达作者的真情实感，实现物我的统一，展现出更深远的思想，使读者领会更深的道理。

3. 语言优美

所谓优美，就是指散文的语言清新明丽（也美丽），生动活泼，富于音乐感，行文如涓涓流水，叮咚有声，如娓娓而谈，情真意切。所谓凝练，是说散文的语言简洁质朴，自然流畅，寥寥数语就可以描绘出生动的形象，勾勒出动人的场景，显示出深远的意境。散文力求写景如在眼前，写情沁人心脾。

二、散文的分类

散文素有"美文"之称，它除了有精神的见解、优美的意境外，还有清新隽永、质朴无华的文采。经常读一些好的散文，不仅可以丰富知识、开阔眼界，培养高尚的思想情操，还可以从中学习选材立意、谋篇布局和遣词造句的技巧，提高自己的语言表达能力。散文从类型上主要分哲理散文、抒情散文、叙事性散文和议论性散文。

1. 哲理散文

哲理散文是以思辨的方式透过某一现象深入本质，来揭示事物的底蕴，阐述作者的观念。哲理散文中所具有的思辨思维、象征思维、联想思维、情感思维会通过一件极平凡的生活小事揭示出生命的真谛。一般以一件事开头，论述道理，然后加以评论总结。哲理散文具有哲学意味，是散文与哲学的结合，中国古代有许多哲理散文，如《周易》《论语》《老子》等。在《老子》的文章里，为了说明柔弱生刚强的道理，老子用水来譬喻："天下之柔弱莫甚于水，而攻坚者莫能胜之。"《孟子》和《庄子》中也大量使用了比喻和寓言来指出人生的哲理。在西方的文史哲发展史上，哲学与散文同样有着深刻的关联。柏拉图的《理想国》、亚里士多德的《诗学》等作品皆是杰出的哲理散文，柏拉图的文章以"诗意对话"的方式来表达其深刻的哲学思想，有着诗的韵味和思的意趣，这种散文不以枯燥的说教而以轻盈灵动的形式承载着深厚的思想。哲理散文在中国近现代的散文中也占有很大比重，现代哲人梁漱溟、冯友兰等的散文结合理智与情感，把文学性散文和哲理性散文进行了有机的调和与统一。

2. 抒情散文

抒情散文一般是通过表现对景物的感受来抒发者思想感情的散文。这类散文有对具体事物的记叙和描绘，但通常没有贯穿全篇的情节，其突出的特点是强烈的抒情性，它或直抒情怀，或触景生情产生联想。抒情散文虽然描写的是自然景物，同时也应该蕴含有人文内容和思想感情。优秀的抒情散文感情真挚，语言生动，有着浓烈的诗情画意，具有强烈的艺术感染力。它运用象征和比拟的手法，把思想寓于形象之中，通过描写景物的特征来渲染气氛，烘托人物的思想感情，最终达到突出主题的目的，例如茅盾的《白杨礼赞》、魏巍的《依依惜别的深情》、朱自清的《荷塘月色》、冰心的《樱花赞》。

3. 叙事散文

以写人记事为主的散文为叙事散文。这类散文对人和事的叙述和描绘较为具体、突出，同时也带有浓厚的抒情成分，表现出作者有感而发的认识和感受。叙事散文侧重于从叙述人物和事件的发展变化过程中反映事物的本质，具有时间、地点、人物、事件等因素，从一个角度选取题材，表现作者的思想感情，例如鲁迅的《藤野先生》、朱德的《母亲的回忆》等。根据该类散文内容的侧重点不同，叙事散文又可区分为记事散文和写人散文。偏重于记事的散文以事件发展为线索，偏重对事件的叙述。它可以是一个有头有尾的故事，如许地山的《落花生》，也可以是几个片段的剪辑，如鲁迅的《从百草园到三味书屋》。偏重于记人的散文，全篇以人物为中心。它往往抓住人物的性格特征作粗线条勾勒，偏重表现人物的基本气质、性格和精神面貌，如鲁迅的《藤野先生》。

4. 议论性散文

议论性散文就是用散文的写作形式来议论某人或某事，或者说是以阐述某个观点为中心的散文。它不像一般议论文注重理性和逻辑，而侧重的是形象的描绘和情感的抒发。议论性散文具有抒情性、形象性和哲理性的特点，它给读者一种富于理性的形象和情感，从而提供了广阔的思索和联想的空间。鉴赏议论性散文，要注重从情中悟理，在理中染情，仔细体会情理交融的艺术特点。

设计艺术为实用艺术，是指实用性与审美性紧密地结合在一起的艺术。它具有将物质生产与艺术创作相统一的特征，实用的、材料的、结构的特点与装饰的、美化的、观赏的特点交融在一起，既具有物质的实用功能，又具有精神的愉悦功能。在人类发展史上，最古老的原始艺术都是实用艺术。随着物质技术的发展和社会的进步，实用物品越来越具有审美的性质，物质生活与艺术创作的统一，技术（技巧）与艺术的统一，实用价值与审美价值的统一，这是实用艺术的基本特征，也是实用艺术与其他艺术的根本区别之所在。

第五章
设计艺术

第一节
设计艺术概述

设计艺术是一个大的概念，统指任何设计，包含观念的文字表达与语言表达等，在艺术教育的学科中一般称为"艺术设计"。所谓艺术设计，就是将艺术的形式美感应用于与日常生活紧密相关的设计中，使之不但具有审美功能，还具有实用功能。换句话说，艺术设计首先是为人服务的（大到空间环境，小到衣食住行），是人类社会发展过程中物质功能与精神功能的完美结合，是现代化社会发展进程中的必然产物。"艺术设计"是教育部于1997年确定的本科招生学科名称，1998年，国务院学位委员会制定了一个不同于教育部的学科分类，"艺术设计"在国务院的学科分类中被称作"设计艺术学"。目前，高校本科招生使用了教育部的学科分类，而研究生招生则使用了国务院学位委员会的分类。英文统一称"设计"为"Design"，它包含视觉传达设计、产品设计、环境设计、数字媒体设计、服装设计等。

一、设计的本质

"设计"的概念诞生于文艺复兴时期的意大利，成熟于德国的包豪斯年代。在文艺复兴时期"设计"（disegno）这一概念是作为艺术批评的术语发展起来的，指的是合理安排艺术的视

仿明代椅子设计

觉元素以及基本原则。这些视觉元素包括线条、形体、色调、色彩、肌理、光线和空间，而合理安排就是指构图或布局。设计首先需要研究的是作为物质的人的生理特点，如人机工程学、解剖学、行为学等；同时设计还需要研究物与环境的关系，如材料学、构造学等，使物与环境构成和谐，符合人类生存需求；另外设计还需研究物的流通方式，如广告陈列、展示设计、包装等。

设计是人类有目的性的审美活动。人类在进行艺术活动时，是为达到某一明确目的性和预见性的自觉的行为，有明显的目的性和预见性。设计的过程就是人们为满足一定需要，精心寻找和选择理想的活动方案，是一种智能文化创造形态。设计表现为某种文化创造活动形态，是由特定社会环境下人的生活方式决定的，设计的目的、内容、手段以及整体的设计思想都离不开特定的社会生产力状况和与之对应的人的生活方式。

二、设计的意义

设计用艺术创造新的物质，改变人的生活。设计是一种行为、思维的物质化形态，有其自身的特质，诸如功能性、艺术性、科技性、经济性等，这些因素同时也界定了设计多重特征的基本框架。设计既是物质生产也是精神产品，设计的目的是满足人类生存的基本需求，设计实用功能的实现包含艺术的方式设计，使设计具有形式美，同时也必须以科技为支撑，以市场为导向，所以说设计是艺术与科技的融合，是美学、心理学、社会学、经济学等学科的综合。设计对社会的影响既表现

蓬皮杜中心的室内空间设计

巴黎街头的店面设计

纽约公寓的室外楼梯

为物质影响，又表现为精神文明的影响。它体现出人类的精神文化价值，它促进了人与人之间的交流，实现了设计师与大众之间信息情感的交流，传达了设计师的审美观念，提升了大众的审美能力。

三、设计的功能

艺术设计具有实用功能、认知功能、象征功能、审美功能等。

1. 实用功能

设计的实用功能即通过将设计思想转化为设计物，以满足人的种种物质需要，重在体现设计物的实用价值。从需求上来说，人类对物质的需要先于对精神的需要，基本的物质保证是人类生存的前提，经济基础决定上层建筑。设计是伴随着劳动产生的，设计的实用功能是各种精神功能产生的根源，虽然物质的需求是第一位的，设计的实用功能也是其他功能因素最重要的条件，而对于设计的追求就不仅仅是停留在实用功能上，更多的是通过追求符合人类审美需求的产品来满足精神上丰富多样的需求。设计用艺术创造新的物质，改变人的生活，是社会经济和意识形态的重要载体，是创造美好生活、促进社会可持续发展的手段。实用性既是设计的主要意义，也是设计的一种本质特征。

2. 认知功能

设计的认知功能是通过视觉、触觉、听觉等感觉器官接受来自物的各种信息刺激，形成整体认知，从而产生相应的概念与意象。认知功能是由设计品的外形所实现的一种精神

纽约曼哈顿大街上的橱窗设计

美国密苏里大学图书馆的书库设计

功能，设计的本身就是源自感知到认知的一种意识形态。认知功能有三方面含义：指示、象征、展示。如视觉传达设计中的企业识别系统（Corporate Identity System）。它将企业经营理念与精神文化运用整体传达系统传达给市场，使其对企业产生一致的认同感与价值观。标志设计是企业形象、特征、信誉和文化的浓缩，一个设计杰出且符合企业理念的标志会增加企业的权威感，在社会大众的心目中产生信赖感，是一个企业或某品牌的代表。

认知功能首先体现在物的指示功能方面：特殊的造型、色彩和标识显示了它的功能特征和使用方式，即以一种形态语义学的方式，以外在形式直接影响人们对物的认识定位。设计这种创造性的造型活动是将设计构思与计划通过一定的手段视觉化的过程，从设计组成元素的角度考虑，作为一种特殊的语言，文字图形符号有着极强的艺术表现力和视觉感染力。一个简单的图形就可以代表一个国家、一种文化、一个企业，这就是图形符号的魅力所在。符号性的形式、符号的功能和符号的意味，全部融为一种美的知觉和对意味的知觉。符号是负载和传递信息的中介，是认识事物的一种简化手段。

3. 象征功能

象征功能传达出设计物"意味着什么"的信息内涵与精神性的理念问题，设计赢得人们的认可后会成为一种精神品位的象征。随着人们生活水平的提高，消费者购买一件产品的时候不仅是为了获得商品的使用价值，在很多情况下是为了追求一种情感上的满足或自我形象的展现。人们的需求，

宝马汽车标志设计

不再仅仅是获得更多的物质产品本身，而是越来越多地出于对商品的象征意义、个性特点的追求。设计审美观念更注重人的情感补偿及设计的地方性和文化约束、生态性与可持续发展性。如色彩应用于不同的设计展示中会给人们不同的感受，产生兴奋、安静、快乐等多种感受，色彩的象征功能在商业展示中也起到了非常重要作用。"语意""隐喻"等种种术语渐渐出现于设计理论之中，体现了设计对人们精神和心理需求的关照。

4. 审美功能

设计与审美紧密联系，作为一个设计师，要熟悉点、线、面、体的审美特性，将有助于提高我们的设计水平。艺术设计是人的本质力量的对象化与感性显现，设计物的内在和外在形式会唤起人的审美感受，以满足人的审美需求，体现了设计物与人之间的精神关系。物在使用过程中是否能唤起人的美感，是判断其是否具有审美功能的依据。设计美的观念价值是随着实践与技术的发展而更新的，设计的审美功能是在历史与时代、民族与社会中发展的。在现代设计史中，人们对待功能美的认识是一个不断深化的过程，18世纪以来的近代美学思潮"为艺术而艺术"，把美与功能、实用分开，如康德、黑格尔就认为：美是超越有用性的产物，美是理念，美是纯粹性的东西，与功能、实用价值毫无关系。随着工业革命的迅猛发展，新设计风格的诞生促进了新的美学观念的出现，生活中对实用艺术的迫切需要打破了对美的纯化的观念，从而出现了"产品美""工业美""功能美"等诸多新的机器美学或称工业美学的新观念。

四、设计的特征性

设计具有艺术美的特征，与艺术有着渊源关系。设计的概念产生于文艺复兴时期的意大利，其最初的意义是素描、绘画，如15世纪的理论家弗朗西斯科·朗西洛提就将设计、色彩、构图及创造并称为绘画四要素。从远古的兵器、礼器、乐器、食具、车马船轿，到现代的家具、工具、玩具、电器、服装以及火车、飞机等，无不在功能设计的基础上追求尽可能完美的艺术形式。在分工严密的设计中，工程师与艺术设计师担负着不同的设计任务，工程师负责产品内部的结构和功能的设计，而艺术设计师负责外部的形式美设计。在生产或制作的全过程中，设计和技术、材料、工艺、市场、消费等因素紧密地结合在一起，与艺术创作也不能截然分开。设计师的设计自始至终都要考虑到具体设计对象，根据生产技术条件和制作技艺的可行性进行创造性工作，这个创造性过程始终与审美发生联系。艺术史中的艺术思潮、运动派别及美术革命为现代设计的发展开辟了道路，各个时代设计与艺术的审美趣味是相一致的，好的设计在符合功能的同时必须具有形式的美感。产品外观往往是决定我们购买的重要原因。它是人们现实生活和精神世界的形象反映，也是艺术家知识、情感、理想、意念等综合心理活动的有机产物。

设计的造型美主要指设计的外观形态的美，结构美主要指设计的内在形式的美。设计艺术的造型美由形态美、色彩美、肌理美等因素组合而成，是设计艺术中传达美的直观途径，它的产生受制于实用功能，同时又对认知功能和审美功能的形成产生重要的作用。

线一堪萨斯火车站的天桥

高迪设计的金属门

形态是物体在一定空间所占的轮廓，它分为具象形态和抽象形态。具象形态指自然界中实际存在的各种形态，是自然形态；抽象形态是经过人为制作的形态，又称人工形态。现代设计中的仿生设计就是利用自然生物系统的结构特性、能量转换和信息获取的知识来设计和制作人工制品，如从蜻蜓、飞鸟的飞翔和海豚的游动中仿生设计和创造了飞机、潜艇、船舶等。形态美的创造要运用变化与统一、对称与均衡、对比与调和、比例与尺度、节奏与韵律等形式美的方法，以达到视觉上的美感和情感上的愉悦。

色彩美是对设计的形态进行色彩的配置和设计，从而使设计及其物品的形态给人以重要的生理和心理的影响，如图书馆与酒吧的室内色彩应是浅色、淡色与红、橙等冷暖色调的不同运用。在艺术设计中，造型设计的色彩美不仅能有效地表达设计的认知功能，而且能提高设计的审美功能。

材料是设计艺术的物质基础。重视材料自身的审美属性是设计之美的一个重要特征。中国古代《考工记》记载："天有时，地有气，材有美，工有巧。合此四者，然后可以为良。""材美工巧"的思想，对中国古代器物的设计与制作产生了很大的影响，对现代设计依然具有理论指导意义。材料美包括肌理美和材料质美。一般来说，在人们的观念中，贵重材料的审美价值比一般材料要高；自然材料比人工材料的审美价值要高。因而，玉器就保持了它本来的色泽和肌理，而金银器从不彩饰。

形状包括点、线、面、体。点是最简洁的形态，点不仅是静止的图形，很多点的排列组合就有了运动感。线是点的运动轨迹。英国画家和美学家荷加斯认为波状线是"美的线条"，称蛇形线是"富有吸引力的线条"。线有直线、曲线和斜线。直线表示力量、稳定、刚强、生气；曲线表示优美、柔和、文雅、运动；斜线表示焦虑、不安、动感、刺激等。面是点的扩大或者线的集合，体是面的运动形成的。作为一个设计师，熟悉点、线、面、体的审美特性有助于提高设计水平。

艺术设计的发展历程表明，艺术与科技、感性与理性不断融合，直至达到最佳契合。科技变革影响艺术设计作品的功能、形态和表现效果，艺术设计需要紧随科技变革，探寻更加广阔的发展前景。随着数字技术的快速发展，艺术设计产业处于前所未有的变革之中。现代艺术设计需要借鉴新兴科技成果，发挥艺术设计的功能价值和美学价值。设计也是科学技术发展的重要组成部分，设计可以为科学技术服务。在某种意义上说：设计就是力量，就是生产和经济的力量，是技术产业化、商品化和市场化的必由之路，也是国家实力的重要组成部分。

设计创造市场，市场制约设计，设计具有商品化特征，设计的目标在于市场。设计者在从事设计的时候，除了从技术角度思考之外，还要充分考虑经济因素。设计不等于艺术，设计必须服务于市场，设计者必须将市场的观念导入设计之中，这是艺术设计的前提保证。现代设计是为人的享受服务的，要把握艺术设计"为谁而做，为谁而造"，它是艺术设计能否取得成功，能否为企业开拓、占领市场，能否帮助企业生存与发展的决定性因素。艺术设计应重视成本和价

西班牙Torres红酒展示

格研究，研究市场变化下的消费者与生产营销商之间的互动关系，以"最经济的艺术设计之产品"来为生产营销商赢得最大利润和提高产品的市场占有率。设计决定品牌的市场竞争力，用设计创造新产品，用设计打造品牌，用设计赢得市场，是目前乃至今后一段时间内企业的重要策略。

第二节
视觉传达设计

视觉传达设计是利用视觉符号来进行信息传达的设计。设计师是信息的发送者，传达对象是信息的接收者。"视觉传达设计"一词于 20 世纪 20 年代开始使用，形成于 20 世纪 60 年代，视觉传达设计的主要功能是传达信息，是设计者将思想和概念转变为视觉符号形式来进行传达，有别于以使用功能为主的产品设计和环境设计。视觉设计师设计的最终结果，必须是他的受众易于认知和理解的视觉符号。视觉传达设计的构成要素有文字、标志和插图等，它们是视觉传达设计的基本构成要素。

标志设计，以精炼的形象代表或指称某一事物，表达一定的涵义，传达特定的信息。标志设计必须力求单纯，易于公众识别、理解和记忆，强调信息的集中传达，同时讲究赏心悦目的艺术性，设计手法有具象法、抽象法、文字法和综合法等。

插图指插画或图解，插图具有比文字和标志更强烈、直观的视觉传达效果。作为视觉传达设计的要素之一，插图设计被广泛应用于广告、编排、包装、展示和影视等设计中。

编排设计，即编辑与排版设计，或称版面设计，是指将文字、标志和插图等视觉要素进行组合配置的设计。编排设计主要包括书籍装帧和书籍、报刊、册页等所有印刷品的版

标志设计

标志设计

插图设计

插图设计

面设计，以及影视图文平面设计等。当编排的是广告信息内容时，便同时属于广告设计；当编排的是包装的版面时，便又属于包装设计。文字编辑、图版设计和图表设计是构成编排设计的三个要素。

广告设计，最早出现的是口头广告和实物广告，印刷术发明之后，出现了印刷广告。现代电讯传播技术导致了电台与影视广告的诞生。广告有五个要素：广告信息的发送者（广告主）、广告信息、信息接收者、广告媒体和广告目标。根据媒体的不同，广告设计可分为印刷品广告设计、影视广告设计、户外广告设计、橱窗广告设计、礼品广告设计和网络广告设计等。

版面设计

国外海报设计

书籍封面设计

橱窗海报

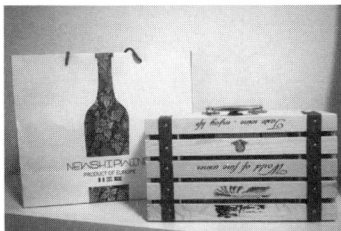

法国红酒包装设计

展示空间设计

　　包装设计是指对制成品的容器及其他包装的结构和外观进行设计，可以分为工业包装和商业包装两大类。包装有保护产品、促进销售、便于使用和提高价值的作用。工业包装设计以保护为重点，商业包装设计以促销为主要目的。

　　展示设计或称陈列设计，是指将特定的物品按特定的主题和目的加以摆设和演示的设计。展示设计是一种综合性的空间视觉传达设计。展示设计包括"物""场地""人"和"时间"四个要素。展示设计兼有产品设计和环境设计的因素。事实上，它是一种多种设计技术综合应用的复合设计。

第三节
产品设计

　　产品设计即对产品的造型、结构和功能等方面进行综合性的设计，以便生产制造出符合人们需要的实用、经济、美观的产品。产品设计的三个基本要素是产品的功能、造型和物质技术条件。功能是指产品所具有的某种特定功效和性能，造型是产品的实体形态，是功能的表现形式。功能的实现和造型的确立需要构成产品的材料，以及赋予材料以特定的造型乃至功能的各种技术、工艺和设备，这些被称为产品的物质技术条件。产品设计可以划分为手工艺设计和工业设计两大类型。前者是以手工制作为主的设计，后者是以机器批量化生产为前提的设计。手工艺设计主要包括陶瓷器、漆器、玻璃制品、皮革制品、皮毛制品、纺织、线、木工制品、竹制品、纸制品等的手工设计制作。工业设计是经过产业革命，实现工业化大生产以后的产物，以区别于手工业时

国外自行车创意造型设计

汽车造型设计

巴塞罗那加泰罗尼亚博物馆

公寓装修设计

期的手工设计。工业设计这个词最早出现在 20 世纪初的美国，用以代替工艺美术和实用美术的概念而开始使用。广义的工业设计几乎包括我们所指的"设计"的全部内容，所以有人干脆以"工业设计"代替整体的"设计"的概念。工业设计包括家具设计、服装设计、纺织品设计、日用品设计、家电设计等内容。

一般理解的即狭义的工业设计是指对所有的工业产品进行的设计，工业设计按设计性质划分可以分为改善性设计、预期性设计和概念性设计。

改善性设计——对现有的技术、材料和消费市场等进行研究，改进现有产品的设计。

预期性设计——着重对人们的行为与生活难题的研究，设计出超越现有水平，满足数年后人们新的生活方式所需的产品，强调生活方式的设计。

概念性设计——不考察现有生活水平、技术和材料，纯粹在设计师预见能力所能达到的范畴内考虑人们的未来与未来的产品，是一种从根本概念出发的、对未来产品开发性的设计。

第四节
环境设计

　　环境艺术设计是对人类生存空间进行的设计。环境设计以建筑学为基础，有其独特的侧重点，与建筑学相比，环境设计更注重建筑室内外环境艺术气氛的营造；与城市规划设计相比，环境设计更注重规划细节的落实与完善；与园林设计相比，环境设计则更注重局部与整体的关系；与产品设计相比，环境设计创造的是人类的生存空间，而产品设计创造的是空间中的要素。环境艺术设计强调人、建筑与环境之间的相互关系，使其和谐统一，形成完整、美好、舒适宜人的人类活动空间。它按类型可分为城市规划、室内设计、室外设计和公共艺术设计等。

　　"安全、健康、便利、舒适"是联合国世界卫生组织对于城市环境的四个评价标准。城市规划的内容一般包括：研究和计划城市发展的性质、人口规模和用地范围，拟定各类建设的规模、标准和用地要求，制订城市各组成部分的用地区划和布局以及城市的形态和风貌等。

　　室内设计即对建筑内部空间进行的设计，是根据对象空间的实际情形与使用性质，运用物质技术手段和艺术处理手段，创造出功能合理、美观舒适、符合使用者生理与心理要求的室内空间环境的设计。室内设计可分为住宅室内设计、

法国凡尔赛宫花园的园艺设计

瑞士民居

集体性公共室内设计、开放性公共室内设计和专门性室内设计。室内设计不等同于室内装饰，室内装饰只是其中的一个方面，它仅指对空间围护表面进行的装点修饰。室内设计包含四个主要内容：空间、装修、陈设、物理环境等设计。

室外设计泛指对所有建筑外部空间进行的环境设计，又称景观设计。它包括园林设计，还包括庭院、街道、公园、广场、道路、桥梁、河边、绿地等所有生活区、工商业区、娱乐区等室外空间和一些独立性室外空间的设计。室外设计必须结合利用环境中的自然要素与人工要素，创造出融合于自然、源于自然而又胜于自然的室外环境。

公共艺术设计是指在开放性的公共空间中进行的艺术创造与相应的环境设计。这类空间包括街道、公园、广场、车站、机场、公共大厅等室内外公共活动场所。所以，公共艺术设计在一定程度上和室内设计与室外设计的范围重合。但是，公共艺术设计的主体是公共艺术品的创作与陈设。现代公共艺术设计正是兴起于西方国家让美术作品走出美术馆、走向大众的运动。

在环境设计方案中需要统筹兼顾它的整体性、多元性、人文性、艺术性以及科技性等方面的因素。

就整体性来说，从设计的行为特征来看，环境设计是一种强调环境整体效果的艺术，在这种设计中，对各种实体要素（包括各种室外建筑构件、景观小品等）的创造是重要的，但不是首要的，因为最重要的是要把握对整体室外环境的创造。如居住区环境是由各种室外建筑的构件、材料、色彩及周围的绿化、景观小品等各种要素整合构成。一个完整的环境设计不仅可以充分体现构成环境的各种物质的性质，还可以在这个基础上形成统一而完美的整体效果。没有对整体效果的控制与把握，再美的形体或形式都只能是一些支离破碎或自相矛盾的局部。

纽约曼哈顿大街的雕塑

就多元性来说，以居住区环境设计为例，其多元性是指环境设计中将人文、历史、风情、地域、技术等多种元素与景观环境相融合的一种特征。如在城市众多的住宅环境中，可以有当地风俗的建筑景观，可以有异域风格的建筑景观，也可以有古典风格、现代风格或田园风格的建筑景观，这种丰富的多元形态包含了更多的内涵与神韵。因此，只有多元性的城市居住区环境才能让整个城市的环境更为丰富多彩，才能让居民在住宅的选择上有更大的余地。

纽约建筑物外的公共艺术品

就人文性来说，环境设计的人文性特征表现在空间的环境应与使用者的文化层次、地区文化的特征相适应，并满足人们物质的、精神的各种需求。只有如此，才能形成一个充满文化氛围和人性情趣的环境空间。

就艺术性来说，艺术性是环境设计的主要特征之一，环境设计中的所有内容都以满足功能为基本要求，包括使用功能和观赏功能。空间包含有形空间与无形空间，有形空间的

某度假酒店景观设计图

艺术特征包含形体、材质、色彩、景观等，一般表现为建筑环境中的对称与均衡、对比与统一、比例与尺度、节奏与韵律等。而无形空间的艺术特征是指空间给人带来的流畅、自然、舒适、谐调的感受与各种精神需求的满足。二者的全面体现才是环境设计中的完美境界。

就科技性来说，环境的创造是一门工程技术性科学，空间组织手段的实现必须依赖技术手段，要依靠对于材料、工艺、各种技术的科学运用，才能圆满地实现意图。这里所说的科技性特征包括结构、材料、工艺、施工、设备、光学、声学、环保等方面的因素。现代社会中，人们的居住要求越来越趋向于高档化、舒适化、快捷化、安全化，因此，在居住区室外环境设计中，增添了很多如智能化的小区管理系统、电子监控系统、智能化生活服务网络系统等现代化高科技的技术。这些新技术的运用也必须体现在当下的环境艺术设计中，从发展的眼光看，层出不穷的新材料将使环境设计的内容不断地充实和更新。

第五节
数字媒体设计

　　数字媒体设计是利用计算机及相关数字化设备进行艺术设计的新兴艺术学科，是科学与艺术完美结合的体现，具有广泛的应用前景。数字媒体是指以二进制数的形式记录、处理、传播、获取过程的信息载体，这些载体包括数字化的文字、图形、图像、声音、视频影像和动画等感觉媒体和表示这些感觉媒体的表示媒体（编码）等，通称为逻辑媒体，此外还包括存储、传输、显示逻辑媒体的实物媒体。但通常意义下所称的数字媒体常常指感觉媒体。数字媒体是以信息科学和数字技术为主导，以大众传播理论为依据，以现代艺术为指导，将信息传播技术应用到文化、艺术、商业、教育和管理领域的科学与艺术高度融合的综合交叉学科。数字媒体包括图像、文字、音频、视频等各种形式以及传播形式和传播内容中采用数字化，即信息的采集、存取、加工和分发的数字化过程。数字媒体已经成为继语言、文字和电子技术之

新媒体展示空间

虚拟博物馆

大众汽车vr展示

现场体验vr互动

电脑游戏

后的最新的信息载体。

数字媒体可按不同的分类方法分成很多种类。如果按时间属性分，数字媒体可分成静止媒体和连续媒体。静止媒体是指内容不会随着时间而变化的数字媒体，比如文本和图片。而连续媒体是指内容随着时间而变化的数字媒体，比如音频和视频。按来源属性分，数字媒体可分成自然媒体和合成媒体。其中自然媒体是指客观世界存在的景物、声音等，经过专门的设备进行数字化和编码处理之后得到的数字媒体，比如数码相机拍的照片。合成媒体指的是以计算机为工具，采用特定符号、语言或算法表示的，由计算机生成（合成）的文本、音乐、语音、图像和动画等，比如用3D制作软件制作出来的动画角色。如果按组成元素来分，数字媒体则又可以分成单一媒体和多媒体。顾名思义，单一媒体就是指单一信息载体组成的载体。而多媒体则是指多种信息载体的表现形式和传递方式，我们平时所说的数字媒体一般就是指多媒体。数字媒体技术是实现数字媒体（感觉媒体即文字、图形、图像、声音、视频影像和动画）的表示、记录、处理、存储、传输、显示、管理等各个环节的软硬件技术，一般分为数字媒体表示技术、数字媒体存储技术、数字媒体创建技术、数字媒体显示应用技术和数字媒体管理技术等。

数字媒体设计有计算机图形设计、数字化游戏艺术设计与网络多媒体设计等。计算机图形设计指以计算机为工具进行的视觉传达艺术创作活动，这种艺术活动只是创作平台由传统造型工具转化为计算机。计算机图形设计的创作方式与应用领域有平面、三维、动画、数码影像、虚拟现实等，创作方式既可发挥数字化的优势特色，配合传统艺术形式共同创作，又可代替传统艺术形式独立创作。数字游戏艺术设计是虚拟真实，赋予玩家互动性，在参与过程中交流共鸣。数字化游戏分为电脑游戏（包括网游）、电视游戏、大型电玩（如街机游戏）。数字化游戏的创作过程包括企划撰写方案剧本、程序员编程、美工场景绘制、音乐师谱写音乐等阶段。网络多媒体设计是以网络设备为媒体，以网络运用为目的的设计，包括网站页面设计、网络交互服务界面如论坛与聊天室设计、网络应用程序界面等设计。数字媒体设计艺术的媒介改变了以印刷为主体的视觉传播方式，多媒体的综合运用增进了信息与人之间的互动交流。

第六节
建筑设计

　　建筑设计艺术是指按照美的规律，运用建筑艺术独特的艺术语言，使建筑形象具有文化价值和审美价值，具有象征性和形式美，体现出民族性和时代感。建筑艺术可分为纪念性建筑、宫殿陵墓建筑、宗教建筑、住宅建筑、园林建筑、生产建筑等类型，是一种实用性与审美性相结合的艺术。建筑的本质是人类建造以供居住和活动的生活场所，所以，实用性是建筑的首要功能，但随着人类文明的发展，物质技术的进步，建筑越来越具有审美价值。

　　音乐与建筑有着内在的联系。许多名人，包括歌德、贝多芬都说过："音乐是流动的建筑，建筑是凝固的音乐。"黑格尔曾这样揭示音乐与建筑的关系："音乐和建筑最相近，因为像建筑一样，音乐把它的创造放在比例和结构

卢浮宫前的金字塔

捷克克鲁姆洛夫的建筑

巴罗克建筑

罗马大角斗场

上。"建筑的结构形成于数学和力学的创造，而建筑上的整体美观又与绝对的、简单的、可以认识的数学比例有着密切的关系。所以，比例是建筑形式美的重要原则之一，人们可从建筑的均衡、对称、布局等各种形式中去体验其美感。虽然音乐是时间的艺术，但是，类似于建筑材料的音乐语言及其要素也必须按一定的逻辑方式合理地组合形成多样化的统一，才能使人感觉到音乐的连续性、动力性和整体性，从中体验到音乐的美感。这种由音乐语言及其要素所构成的各种具体的相互关系和组成方式就是音乐的结构。巴洛克音乐追求一种幻想、绘画式的手法，运用阶梯式的力度变化、无穷动的音乐旋律、复杂的复调风格、疯狂的感情倾诉等来夸张细部情感，丰富音乐表情，形成音乐的戏剧性起伏；巴洛克建筑则以装饰上光怪离奇来激发绚烂夺目的珠光宝气，利用透视所产生的幻觉来增加层次感和空间感，运用建筑上的凹凸、起伏、光影变化、明暗对比等手法使建筑富于动感。音乐的创作中，"重复"是作曲技巧最重要的基本手法之一，建筑设计也是如此，在建筑中，这种重复是由建筑设计所引起的视觉可见元素的重复，如光线和阴影、不同的色彩、支柱、开洞及室内容积

希腊神庙

巴黎街头的哥特式教堂

北京颐和园长廊

罗马圣彼得大教堂

意大利佛罗伦萨圣母百花大教堂

等。一个建筑物的大部分视觉效果就是依靠这些韵律关系的协调性、简洁性以及威力感来取得的。罗马大角斗场连拱的重复，希腊神庙优美的柱廊，哥特式教堂尖拱和垂直的重复以及北京颐和园长廊的重复等都具有古典音乐里可以找到的那种规则式的重复。所以，那些高低起伏的建筑群那样和谐、谐调，是因为它们富有美的旋律，体现了建筑美的特有法则。那些宏伟壮丽的交响乐那样匀称完整，是因为它们具有严谨的结构，体现了音乐美的特有法则。另外，建筑与音乐在风格上的对比、结构上的把握等都有异曲同工之处。歌德在米开朗基罗设计的罗马大教堂前广场的廊柱内散步时，深切地感到了音乐的旋律；我国建筑大师梁思成从颐和园的长廊内发现了和谐的节奏；沿着北京故宫建筑群的中轴线，我们可以从中国古建筑中看到交响乐的主题旋律和对位法等。

古罗马建筑家维特鲁威的经典名作《建筑十书》提出了建筑的三个标准：坚固、实用、美观，一直影响着后世建筑学的发展。建筑起源于人类劳动实践和日常生活遮风雨、避群害的实用目的，是人类抵抗自然力的第一道屏障。作为人类重要的物质文化形式之一，建筑艺术是技术与艺术、实用与审美、建筑空间与实体相结合的综合性实用造型艺术，是物质功能性与审美功能性相结合的艺术。"实用性"是建筑的首要目的，其实用性特点影响着人们的审美观，而审美意义则有赖于实用意义。建筑物质功能性的另一表现是其耐久性。建筑是巨大的、造价可观的物质实体，一旦建成，除非地震火灾和战争破坏，它都会长期保留下去，很难被人遗忘，事实上成了一个时代、一个民族的纪念碑。建筑的物质功能性决定了建筑物具有纪念性。比如希腊的神庙、意大利的广场、法国的埃菲尔铁塔、中国的万里长城、非洲的原始村落，还有数不清的古城市、古村镇，当初并不是为了纪念而专门建筑的，但是到了后来，却成了纪念性很强的遗迹，成为人们欣赏的历史文化了。优秀的建筑艺术是一个城市甚至是一个国家的名片，悉尼歌剧院使我们想到澳大利亚，金字塔使我们想到埃及，这些都使建筑具有了显著的象征性功能。

建筑功能、建筑技术和建筑艺术形象是建筑构成的三要素。建筑功能指建筑所具有的实际使用的功能，即建筑的使用要求，如居住、饮食、娱乐、会议等各种活动对建筑的基本要求，是决定建筑形式的基本因素。根据建筑物的使用功能它可分为住宅、商用等；按建筑物的使用性质它可分为居住建筑、公共建筑、工业建筑与农业建筑等。建筑技术包括整体建筑规划、建筑外观设计、建筑内部设计到施工工艺、结构设计等，又分建筑施工技术、建筑工程技术、建筑节能技术等。建筑艺术形象则将建筑功能和建筑技术包含其中，形成最终的建筑实物。

表演艺术是通过人的演唱、演奏或人体动作、表情来塑造形象、传达情绪、情感，从而表现生活的艺术。表演艺术通常包括舞蹈、音乐、话剧、曲艺、杂技、魔术等。表演艺术和视觉艺术不同，视觉艺术本质上是指以作品来呈现艺术，而表演艺术是以表演者来呈现艺术。表演艺术代表性的门类通常是音乐和舞蹈。

第六章
表演艺术

第一节
音乐

音乐是人类表达感情的一种艺术，以声音为其表现手段，通过音乐人们可以互相交流情感和生活体验。相比较而言，在所有的艺术类型中，音乐是最抽象的艺术，它是用有组织的乐音来表达思想情感的一种艺术。它最基本的要素是节奏和旋律，分为声乐和器乐两大门类。音乐以生动活泼的感性形式表现高尚的审美理想、审美观念和审美情趣，能提高人的审美能力，净化人们的灵魂。音乐同时也是社会行为的一种形式，反映社会生活，又给予社会以深刻的影响。

一、音乐的功能

音乐是一种声音符号，它可以带给人美的享受，并表达人的情感。音乐具有社会功能、审美功能、认识功能、教育功能和娱乐功能、医学功能。

1. 社会功能

音乐有助于组织人类的社会行为，可改变社会生产与生活方式。在强化、提升和净化人类经验和感情方面，音乐承担的角色具有同等重要的意义。音乐能够对人的道德、精神和情操产生影响。优秀的音乐也是一个民族、一个国家精神的象征和标志。

古典交响音乐会

2. 音乐的审美功能

音乐能起到净化心灵的作用，音乐艺术作用于人的情感，会引起联想、想象、激动、共鸣，以潜移默化的方式使人接受某种道德情操、精神品质、意识观念的熏陶渗透，从而使人们达到崇高的思想境界。音乐可以引发人的内在情感，触发人们内心的积极情感，使消极的性情感得到宣泄。音乐有提高审美能力和情趣的作用，是人的精神世界中极为重要的部分。

3. 音乐的认识功能

音乐艺术不仅是社会生活的反映，也是人类理想的体现。因此，音乐不仅有反映现实的功能，而且具有超越现实的特征。音乐可以振奋精神，消除疲劳，组织和协调社会成员的意志行为，传达与交流社会成员的思想感情，从政治态度、伦理道德等方面对人产生影响。

4. 音乐的教育功能

音乐艺术对促进大脑健康发育、成长，保护大脑健康以及全面开发大脑的潜能等方面有积极的作用。如视奏，两眼要看谱，两手十指要有不同的动作，两耳要校正音准、节奏、速度与力度，还要分析处理，在瞬间取得动作的谐调与统一。音乐艺术对于聆听者的心理健康有着重要的意义和积极的作用，音乐能培养人的感知、想象、直觉和思维能力的发展。音乐能培养人的情感体验能力、情感调节能力和情感传递能力。音乐是沟通和交流的方式，有和谐人际关系的作用。

5. 音乐的娱乐功能

好的音乐对人的愉悦养性起到很大的作用，能使人得到积极休息。休息时听听自己喜欢的音乐，这是一种积极的休息。参与自娱作用，自己哼唱一支喜爱的歌曲，也是颇具情趣的。

6. 音乐的医学功能

音乐的另一种实用功能是用作保健和治疗。无论在古中国或古希腊，还是在中世纪的阿拉伯，都曾有著名的学者医师用音乐治病，提倡音乐治疗。有些民族长期以来保持着用舞蹈、歌唱和演奏打击乐治疗精神抑郁症的风俗。在工业生产条件下，在一些噪声很大或过于寂静的劳动环境中，劳动者特别需要佩戴附有耳机的耳罩，边劳动边欣赏音乐，这种文明保健设施对劳动者的身心健康颇有裨益。随着工业文明走向成熟，音乐治疗在近几十年来已呈现出广阔的发展前景。

二、音乐的要素

构成音乐的要素包括音的高低、音的长短、音的强弱和音色。这些基本要素相互结合，形成了音乐常用的形式要素，例如节奏、曲调、和声、音色、调式、力度、速度、曲式等，音乐最基本的要素是节奏和旋律。

1. 节奏

音乐的节奏是指音乐运动中音的长短和强弱。音乐的节奏常被比喻为音乐的骨架。节拍是音乐中的重拍和弱拍周期性地、有规律地重复进行。我国传统音乐称节拍为板眼，"板"相当于强拍，"眼"相当于次强拍（中眼）或弱拍。

2. 曲调

曲调也称旋律。高低起伏的乐音按一定的节奏有秩序地横向组织起来，就形成曲调。曲调是完整的音乐形式中最重要的表现手段之一。曲调的进行方向是变幻无穷的，基本的进行方向有三种："水平进行""上行"和"下行"。相同音的进行方向称水平进行；由低音向高音方向进行称上行；由高音向低音方向进行称下行。曲调的常见进行方式有"同音反复""级进"和"跳进"。依音阶的相邻音进行称为级进，三度的跳进称小跳，四度和四度以上的跳进称大跳。

3. 和声

和声包括和弦及和声进行。和弦通常是由三个或三个以上的乐音按一定的法则纵向（同时）重叠而形成的音响组合。和弦的横向组织就是和声进行。和声有明显的浓、淡、厚、薄的色彩作用，还有构成分句、分乐段和终止乐曲的作用。

4. 音色

音色分人声音色和乐器音色。在人声音色中又可分童声、女声、男声等。乐器音色的区别更是多种多样。在音乐中，有时只用单一音色，有时又使用混合音色。

5. 调式

音乐中使用的音按一定的关系连接起来，这些音以一个音为中心（主音）构成一个体系，就叫调式，如大调式、小调式。调式中的各音，从主音开始自低到高排列起来即构成音阶。

另外，还有表明音乐中音的强弱程度的力度、音乐进行快慢的速度和说明音乐横向组织结构的曲式等。

三、音乐作品的分类

（1）音乐作品总体上可分为声乐、器乐、戏剧音乐（包括歌剧音乐、舞剧音乐、戏剧配乐等）三类。

（2）创作音乐和民间音乐之分。

（3）古典音乐与现代音乐之分。

（4）声乐从唱法上主要可以分为美声唱法、通俗唱法、民族唱法和原生态唱法。

四、中国音乐

中国音乐的历史源远流长，中华民族在几千年的历史长河中创造了丰富的音乐文化。中国音乐曾经对中国周边地区的音乐产生了深远的影响，同时中国音乐又在吸收外来音乐要素的过程中不断充实发展。在距今七千余年的新石器时代，我们的先民们可能已经可以烧制陶埙，挖制骨哨，它们是全世界最古老的吹奏乐器。中国古代诗与歌是不分的，文学和音乐紧密联系。现存最早的汉语诗歌总集《诗经》中的诗篇当时都配有曲调，汉代的官方诗歌集成《汉乐府》以及唐诗、宋词当时也都能歌唱。在乐器发明方面，据史料记载，在夏代已经有用鳄鱼皮蒙制的鼍鼓，商代有木腔蟒皮鼓和双鸟饕餮纹铜鼓以及制作精良的脱胎于石桦犁的石磬，青铜时期的商代还出现了编钟、编铙等乐器。各类打击乐器的出现体现了乐器史上击乐器发展在前的特点。西周是中国封建制的成熟时期，西周时期宫廷首先建立了为统治阶级服务的完备的礼乐制度，此时的民间音乐也十分活跃，演奏技术、作曲技术以及人们的欣赏水平有了明显的提高。在古琴演奏中，古人还总结出"得之于心，方能应之于器"的演奏心理感受。声乐技术也取得了高度的成就，有史书记载乐人秦青的歌唱能够"声振林木，响遏飞云"，民间歌女韩娥能歌后"余音绕梁，三日不绝"。周代音乐文化高度发达的成就还可以从1978年湖北随州出土的战国曾侯乙墓葬中的古乐器得到佐证，这座可以和埃及金字塔媲美的庞大古墓显示出当时宫廷礼乐的奢华场面，其中最为重要的六十四件编钟乐器分上、中、下三层编列，总重量达五千余公斤，总音域可达五个八度。

　　秦汉时开始出现"乐府"，这些用作演唱的歌词被称为乐府诗。乐府，后来又被引申为泛指各种入乐或不入乐的歌词，甚至一些戏曲和器乐也都称之为乐府。汉代主要的歌曲形式是相和歌。它从最初的"一人唱，三人和"的清唱，渐次发展为有丝、竹乐器伴奏的"相和大曲"，它对隋唐时的歌舞大曲有着重要影响。汉代在西北边疆兴起了鼓吹乐。它以不同的吹管乐器和打击乐器构成多种鼓吹形式，如横吹、骑吹、黄门鼓吹等。它们或在马上演奏，或在行进中演奏，用于军乐礼仪、宫廷宴饮以及民间娱乐。汉代还出现了"百

编钟

汉代乐器俑

戏"，它是将歌舞、杂技、角抵（相扑）合在一起表演的节目。传统音乐文化的代表性乐器古琴在汉代趋于成熟，这主要表现为：在汉代已经出现了题解琴曲标题的古琴专著《琴操》；魏晋时竹林七贤之一，著名的琴家嵇康在其所著《琴赋》一书中有"徽以中山之玉"的记载，这说明当时的人们已经知道古琴上徽位泛音的产生（13徽）；同时，相继出现一大批文人琴家，如嵇康、阮籍等，并出现了如《广陵散》《猗兰操》《酒狂》等一批著名曲目。

隋唐两代，政权统一，特别是唐代，政治稳定，经济兴旺，统治者奉行开放政策，不断吸收外来文化，加上魏晋以来已经孕育着的各族音乐文化作为基础，终于萌发了以歌舞音乐为主要标志的音乐艺术全面发展的高峰。唐代宫廷宴享的音乐称作"燕乐"，风靡一时的唐代歌舞大曲是燕乐中独树一帜的奇葩，它继承了相和大曲的传统，融会了九部乐中各族音乐的精华。唐代音乐文化的繁荣还表现为一系列音乐教育机构的成立，如教坊、梨园、大乐署、鼓吹署以及专门教习幼童的梨园别教园。这些机构以严密的考绩造就了一批批才华出众的音乐家。宋、金、元时代的音乐文化以市民音乐的兴起为重要标志，在隋唐音乐的基础上又有长足的发展。

唐人奏乐图

宋代词调音乐，这种长短句的歌唱文学体裁可以分为引、慢、近、拍、令等词牌形式，在填词上已经有了"摊破""减字""偷声"等手法。南宋的姜夔是既会作词又能依词度曲的著名词家、音乐家，琴歌《古怨》是他的传世作品。宋代的古琴音乐以郭楚望的代表作《潇湘水云》开古琴流派之先河，作品表现了作者对祖国山河的热爱。

戏曲艺术在元代出现了以元杂剧为代表的高峰。元杂剧的兴盛最初在北方，渐次向南方发展，与南方戏曲发生交融。代表性的元杂剧作家有关汉卿、马致远、郑光祖、白朴，另外还有王实甫、乔吉甫，世称六大家，典型作品如关汉卿的《窦娥冤》和王实甫的《西厢记》。明清时期说唱音乐异彩纷呈，如南方的弹词、北方的鼓词以及牌子曲、琴书、道情类的说唱曲种。南方秀丽的弹词以苏州弹词影响最大，北方的鼓词以山东大鼓、冀中的木板大鼓、西河大鼓、京韵大鼓较为重要，而牌子曲类的说唱有单弦、河南大调曲子等，琴书类说唱有山东琴书、四川扬琴等，道情类说唱有浙江道情、陕西道情、湖北渔鼓等。以声腔的流布为特点，明清戏曲音乐出现了新的发展高峰，明初四大声腔有海盐、余姚、弋阳、昆山诸腔，其中昆山腔以曲调细腻流畅，发音讲究字头、字腹、字尾而赢得人们的喜爱，昆山腔又经过演化形成了著名的昆剧形式。到了明清时期，民间出现了多种器乐合奏的形式，如河北吹歌、江南丝竹、十番锣鼓等。明代的《平沙落雁》、清代的《流水》等琴曲以及一批丰富的琴歌《阳关三叠》《胡笳十八拍》等广为流传。琵琶乐曲的发展除自元末明初的《十面埋伏》等名曲问世外，至清代还出现了华秋萍编辑的最早的《琵琶谱》。

中国近现代音乐是在西方音乐的影响下发展而来的。西方音乐和乐器大约在 19 世纪末开始进入中国社会，中国引进了西方的和声方法，发展了乐队合奏的音乐。民间音乐家发展了中国乐器的演奏技术，二胡作曲家刘天华定制二胡把位，改进演奏手法，并创作了十首二胡独奏曲，如《良宵》《光明行》《病中吟》等，演奏家华彦钧（瞎子阿炳）创作了不朽的二胡名曲《二泉映月》。20 世纪 10 年代到 20 年代的新文化运动期间，很多到海外留学的中国音乐家回国之后，带回了西方音乐的表现形式，成立了交响乐团，演奏传播了欧洲古典音乐和爵士乐，并用五线谱纪录新作品，这种以西方音乐为时髦的潮流在 20 世纪 30 年代的上海达到其鼎盛时期。但同时中国民族音乐的形式仍然受到人们的喜爱，周璇是当时通俗音乐的代表，其为电影《马路天使》演唱的主题歌《天涯歌女》和《四季歌》一时极为流行，被称为"金嗓子"。在抗日战争时期，音乐家写作了大量的抗日歌曲，如冼星海气势磅礴的《黄河大合唱》、聂耳雄浑悲壮的《义勇军进行曲》等。新中国成立之后，文化艺术得到了政府的充分重视，各地陆续建立起交响乐团，演奏西方的古典音乐和中国音乐家创作的交响乐作品。小提琴协奏曲《梁祝》是中国音乐家用西方交响乐的形式改编、用西洋乐器演奏的比较成功的作品。

中国改革开放之后，消除了意识形态方面的壁垒，东西方文化艺术交流日益加强，西方现代音乐通过各种途径传入国内。摇滚音乐、爵士音乐等一些过去被认为是资本主义文化的音乐形式受到年青一代的欢迎，外来音乐形式与本土音乐形式的融合促进了中国现代音乐的发展。20世纪80年代前后，流行音乐从香港及台湾地区进入大陆，台湾的校园歌曲和邓丽君演唱的歌曲一时风靡中国大陆。此后，中国的流行歌曲与世界其他地区的各种风格、各种流派的音乐结合，产生了不少脍炙人口的歌曲，形成了具有独特表现形式的中国流行音乐。

五、西方音乐

古希腊文化是西方文明的渊源，音乐也是古希腊文化的一个重要组成部分。在漫长的西方音乐历史中，古希腊音乐文化精神不断地影响和启发着后世的人们。古希腊的哲学家们对音乐的论述，对于西方音乐发展有重要的影响和启发。毕达哥拉斯把音乐的音程和节奏的和谐与宇宙星际的和谐和秩序相联系，因而把音乐纳入他以抽象的数为万物之源的理论中。另外两位哲学家柏拉图和亚里士多德则以论述音乐的社会、道德作用而著称。随着古罗马帝国先后征服了古希腊及小亚细亚的一些国家之后，古罗马人吸收了古希腊的音乐文化，并于公元1、2世纪形成了古希腊、古罗马的音乐盛期。在古罗马的各种宗教仪式中音乐占有重要的地位。在长达近千年的欧洲中世纪时期，基督教对音乐的发展起到了推动作用。中世纪时期的音乐的特色是旋律高低起伏变化小，缺乏和声基础，表现朴实。作为中世纪的主体音乐，"格里高利圣咏"在欧洲得到广泛的传播。格里高利圣咏是罗马天主教做弥撒时所用的音乐。公元6世纪末，罗马教皇格里高利一世为了统一教会仪式中的音乐，将教会礼仪歌曲、赞美歌等收集、整理成《唱经歌曲》，共收集整理了三千多首歌曲，它后来就被人们称作"格里高利圣咏"。格里高利圣咏在产生、发展过程中，吸收了古希腊、希伯来、叙利亚和巴勒斯坦地区的音乐，在演唱中它只用人声，歌词采用拉丁文，不用器乐伴奏，没有和声和对位，旋律简单。格里高利圣咏不用变化音和装饰音，音域也很窄，一般不超过八度。虽然它的旋律没有明显的节奏重音，速度徐缓，但较好地配合了拉丁文歌词的抑扬顿挫。格里高利圣咏追求一种肃穆、超脱的气氛。12、13世纪欧洲的哥特时代，复调音乐的兴起对欧洲音乐风格的发展与形成奠定了基础。复调音乐是一种"多声部音乐"，它含有两条以上的独立旋律，通过技术性处理和谐地结合在一起，也产生了节拍。在复调音乐流派——巴黎圣母院乐派之后的几个世纪中，复调音乐一直得到延续，并影响了西欧音乐的发展。

从14世纪开始，中世纪的封建主义制度以及教皇统治的权威都逐渐衰落，哥特艺术的黄金时代已经过去，西方迎来了一个新的文明的时代——文艺复兴。文艺复兴时期的音乐不再仅仅作为宗教仪式的附属品，它同时也是一门独立的艺术，更加追求人性的解放与对人的内心情感的抒发与表达。音乐家在人文主义思潮的推动下，对复调音乐进行了发展和变革，声乐与器乐逐渐分离而独立发展。这一时期五线谱已得到完善，印刷术也运用到曲谱上，使音乐的传播更加便利和广泛。这一时期几个较有影响的乐派是尼德兰乐派、威尼斯乐派和罗马乐派。尼德兰乐派的音乐活动主要在尼德兰，创作内容多为弥撒曲与经文歌等宗教音乐，也有世俗音乐，代表人物有迪费、若斯坎、班舒瓦、奥克冈等；威尼斯乐派其特点是音响气势宽广宏大，对比效果鲜明，创作内容有铜管乐与弦乐的重奏曲、管风琴的前奏曲、幻想曲与托卡塔等，代表人物有维拉尔特、加布里埃利等；罗马乐派是此时期的一个专门创作服务于宗教的作品的乐派，以无伴奏合唱的形式为主，代表人物有帕莱斯特里纳、纳尼诺、索里亚诺等。

16世纪器乐音乐开始获得独立的发展。器乐逐渐从单纯为声乐伴奏的从属地位中摆脱出来。主要乐器有竖笛、肖姆双簧管、克鲁姆双簧管、横笛、木管号、小号等。运用最广泛的乐器是琉特琴，它已形成较丰富的演奏技法，采用品位记谱的方法。产生于14世纪的两种古钢琴在文艺复兴时期已发展成熟。一种是以金属槌击弦的击弦古钢琴，虽声音纤细，但演奏可用触键的力度控制音量。另一种是以羽管拨弦的拨弦古钢琴，声音比前者大，但指触无法控制声音的变化。16世纪法国最有代表性的是法国歌谣曲。这是一种四或五个声部的无伴奏世俗合唱，音乐轻快、节奏鲜明。它不仅受到新兴市民的喜爱，在贵族中也很流行。意大利牧歌是16世纪欧洲最有影响的世俗音乐形式。它的歌词多是感伤或爱情内容的田园诗，为室内复调音乐的风格。

巴洛克时期的音乐。音乐的巴洛克时期意指17、18世纪欧洲华丽、精制的音乐，"巴洛克"一词来源于葡萄牙语，意思是形态不够圆或不完美的珍珠，而且最初是建筑领域的术语，后来才逐渐用于艺术和音乐领域。巴洛克音乐的特点是极尽奢华，加入大量装饰性的音符，节奏强烈、短促而律动，旋律精致。复调音乐（复音音乐）仍然占据主导地位，大小调取代了教会调式，同时主调音乐也在蓬勃发展。西洋管弦乐器也在巴洛克时期得到了迅速的发展，小提琴的出现、拨弦古钢琴的成形都为巴洛克音乐提供了更丰富的表现力，其他乐器的发展也使得某些特定风格的巴洛克音乐其配器得以朝着多元化、大规模的方向发展。著名的巴洛克音乐家有维瓦尔弟、被誉为"音乐之父"的巴赫以及亨德尔。

古典主义时期的音乐。18世纪的欧洲，在法国大革命之前经历了一场广泛的思想革命——启蒙运动，它是以反对教会神权和封建专制的文化运动的面貌出现的，然而它的影响远远超出文化领域，涉及经济、政治、法律、哲学、科学乃至社会制度和社会风尚等方面。启蒙思想家反对传统的宗教，提倡自然神论；反对形而上学，提倡科学和常识知识；反对专制的权威和特权，提倡自由、平等和普遍教育的口号。西方音乐史中的古典主义时期通常指18世纪中叶至19世纪二三十年代的一段时期。维也纳出现了海顿、莫扎特和贝多芬三位古典主义大师，他们的杰出音乐作品和音乐风格被称为近代欧洲音乐艺术的"经典"。古典音乐是一个独立的流派，主调音乐取代复调音乐，艺术手法讲求洗练，乐思有一定的逻辑性，追求理性地表达情感。音乐的主题也从延续几个世纪的宗教音乐，逐渐变成富有丰富哲理内涵的古典音乐。当我们听到巴赫、贝多芬、莫扎特、舒伯特的音乐时，它带给我们的不仅仅是优美的旋律，充满意趣的乐思，还有最真挚的情感，或宁静、典雅，或震撼、鼓舞，或欢喜、快乐，或悲伤、惆怅。在古典派音乐中，虽然歌剧也是一个重要部分，但从整体来看，古典派音乐的贡献在于器乐，特别是创造了奏鸣曲和交响曲形式的音乐。

贝多芬是古典主义音乐的集大成者和终结者，也是浪漫主义音乐的先行人，1827 年贝多芬的逝世终结了严谨的古典主义时期。浪漫主义音乐比起之前的维也纳古典乐派的音乐，更注重感情和形象的表现，相对来说看轻形式和结构方面的考虑。浪漫主义音乐往往富于想象力，相当多的浪漫主义音乐都受到非现实的文学作品的影响，而有着相当大的标题音乐成分。浪漫主义的因素，则包含在从古至今的音乐创作当中，而不仅仅局限于某一个时代，因为音乐创作本身就是想象力的一种表现，而浪漫主义恰恰是想象力的最佳体现。浪漫主义歌剧的代表是韦伯，浪漫主义音乐的代表是舒伯特。同时，在浪漫主义音乐的发展中还体现了民族分化的倾向，音乐表现风格也日趋丰富，欧洲各国均出现了具有本民族特点的音乐家，如法国的柏辽兹、意大利的罗西尼、匈牙利的李斯特、芬兰的西贝柳斯、挪威的格里格、波兰的肖邦和俄罗斯的柴科夫斯基等。浪漫主义音乐在瓦格纳和布拉姆斯之后逐渐淡去。时间进入 19 世纪，出现了以德彪西为首的印象派音乐。印象派音乐表现极具色彩化，和当时的绘画风格有相同之处。在浪漫主义后期，也就是欧洲调性体系发展到了最辉煌也是最后的时期，拉赫马尼诺夫、马勒等作曲家把欧洲传统作曲法发展到了极致，斯特拉文斯基的新古典主义崇尚复调和对位法，采用多调性，为以后的传统作曲法到先锋音乐的过渡起到了至关重要的作用。

19 世纪末 20 世纪初，音乐又有了突破性的发展，以韦伯恩为首的作曲家打破十二音作曲法，抛弃了近 400 年的欧洲调性体系，发明了十二音序列，之后无调性等音乐形式出现，如当时的勋伯格就是代表。在第二次世界大战之后，科技更加发达，人们的思想也更加丰富，出现了电子音乐，国家间的文化交流不断融合，产生了更加丰富和多元化的音乐形式。在1945年后的音乐被称为先锋音乐，这时候的音乐已经动摇了人们对音乐的美的看法，也更加理论化，产生了像无声音乐、噪声、微分音等偏激的音乐形式。

西方音乐的发展经历了从古希腊古罗马时期的音乐、中世纪时期的音乐、文艺复兴时期的音乐、巴洛克音乐、古典主义音乐到浪漫主义音乐、现代音乐的阶段，影响深远，为世界文明史做出了巨大的贡献。

第二节
舞蹈

　　舞蹈是用身体和节奏表现思想感情的时间与空间的艺术。它在三度空间中以身体为语言,以有节奏的动作为主要表现手段,来表现人物的思想感情,塑造人物性格和精神面貌。它一般借助音乐,也借助其他的道具。舞蹈是以经过编排、组织过的动作为主要艺术表现手段,着重表现语言文字或其他艺术表现手段所难以表现的人们内在深层的精神世界,人与自然、人与社会、人与人之间以及人自身内部的矛盾冲突,创造出可被人感知的生动的舞蹈形象,以表达作者的审美情感、审美理想,反映生活的审美属性。舞蹈是一种空间性、时间性和综合性的动态造型艺术。据考证,人类最早产生的艺术就是舞蹈。在远古人类尚未产生语言以前,人们就用动作、姿态和表情来传达各种信息,进行情感、思想的交流。舞蹈总是与人类最热烈的感情联系在一起的,闻一多在《说舞》中认为:“舞是生命情调最直接、最实质、最强烈、最尖锐、最单纯而又最充足的表现。”舞蹈也是中国最古老的艺术形式之一,可以说,中国有多少年的文明,就有多少年的舞蹈史。距今五、六千年前的新石器时代舞蹈纹陶盆的出土,向世人展示了原始舞蹈整齐的队势及其群体性、自娱性的特点。舞蹈纹陶盆带尾饰的人物形象,既是狩猎劳动

舞蹈纹陶盆

生活的反映，又带有图腾崇拜的遗迹。中国传统舞蹈经过多个阶段的发展和演变，逐渐形成了具有独特形态和神韵的东方舞蹈艺术。

一、舞蹈语言的基本特征

1. 动态性

所谓动态性，是指舞蹈以人体的各种动作姿态和造型来形象地反映客观事物和人物的精神世界、塑造舞蹈形象。舞蹈是由感情产生的运动，是身体的一种有节奏的运动，舞蹈的姿态是整个人体协调运动的产物，舞蹈者通过头、眼、颈、手、腕、肘、臂、肩、身、胯、膝、足等部位的协调活动，构成有节奏感的舞蹈动作、姿态，直接表达人的内心活动，反映社会生活。舞蹈的动作包括上身的舞姿和下身的舞步，这种有节奏、有韵律、有组织、有变化的人体动作和姿态，作为一种形象化的舞蹈语言呈现在人们的眼前。而舞蹈创作者的形象思维和艺术构思，主要是通过这些动态性的语言来体现，并创造出鲜明生动的舞蹈形象。

2. 抒情性

舞蹈又是表情艺术，它对现实的审美把握不是模仿现实生活中人物行动，而是通过奔放舒展、刚柔结合的优美动作来传达深刻的情感内容，表达特定人物的思想性格和情感活动。在舞蹈艺术中，情感通过舞蹈者的动作和姿态自然而然地流溢出来。舞蹈的表情是通过面部的表露、手臂的传情、胴体的摆扭、足部的移动来统一表达人的内在情感，它对揭示人的内在心理活动、表现多种情绪变化具有重要作用。舞蹈在以动作表达人类情感上，虽然不如语言那样清晰明确，但在表现人物感情的丰富、细腻、强烈和感染力等方面，动作的表现力却往往超过语言的表达能力。有时用语言无法表达的那种强烈的思想感情，以舞蹈的形式却能够给予充分的表现。舞蹈语言的节奏感与情感表现力有着紧密联系，节奏的强弱、快慢、轻重等能很好地增强表现力，情感表现常常通过规范化的、有组织的、有节奏的舞蹈语言去表现。与此同时，由于舞蹈的形态动作、表情、手势都和音乐相配合，融合了音乐的一些因素，因此进一步加强了舞蹈语言的情感表现力。

3. 造型性

造型是由舞蹈家从生活中动的规律出发，根据舞蹈规律进行提炼、加工，反映人物的感情、气质和神态的外在形态，是具有内在含义的一种神形兼备的融合体。无数动中有静的舞姿流动和静中有动的亮相，构成了特有的韵味和风格，展示了人物的性格特征，塑造了有血有肉的舞蹈形象。由舞蹈动作所组成的舞蹈组合——舞蹈语言在人们的眼前瞬间即逝，如果不能给观众留下印象，就不可能发挥舞蹈艺术的魅力和功能，舞蹈的造型性就是让舞蹈动作在连续流动的过程中以片刻的停顿和静止呈现出舞蹈艺术特有的造型美。造型性的特点是动中有静、静中有动，将舞蹈表演过程中某一处或多处高潮点瞬间凝固，展现出人体线条和动作的美来着重强调作品的喻义。

4. 虚拟性与象征性

与其他的表演艺术相比，舞蹈艺术具有更强的虚拟性和象征性。舞蹈中的动作如骑马、划船、坐轿、扬鞭等都是虚拟性和象征性的，如同中国的戏曲艺术一般。在环境的表现上，既无山的模型，又无河的布景，但是双手示意攀登，向高抬腿示意爬山，却使人们相信这是在上山；观众确信一连串的大跳、旋转和翻滚动作是在表现战斗，深信这就是硝烟弥漫的战场。这种虚拟性、象征性使舞蹈家设计出各种美丽的姿态，形成了舞蹈艺术特有的审美语言，拓宽了舞蹈艺术的表现空间。

二、舞蹈艺术的分类

舞蹈依其目的与作用的不同可分为自娱性舞蹈与表演性舞蹈；依其风格特点的不同可分为古典舞、民间舞和现代舞；此外还有与其他艺术因素相结合而成的舞剧。

1. 自娱性舞蹈

自娱性舞蹈是一种不以剧场舞台为表现场所，不求供人欣赏，而以跳舞作为自我娱乐的舞蹈。其动作不表明任何意义，比较简单，有一定的规律性。队形变化简单，人数可以随时增减。有的有乐器伴奏，有的则随着鼓的节奏或歌声起舞。在一定的节奏和规律的限度内，舞者可以即兴发挥。我国各民族也都有属于本民族的传统舞蹈形式，如汉族的大秧歌、藏族的弦子舞、蒙古族的安代舞、土家族的摆手舞、苗族的踩堂鼓以及丰富群众文化生活而常跳的交谊舞、青年集体舞。

舞蹈

双人舞蹈

2. 表演性舞蹈

表演性舞蹈是一种以剧场、舞台为主要表现场所，专门供人观赏的舞蹈，具有认识、教育、美感和娱乐的作用。由于这种舞蹈是经过舞蹈家的艺术加工、整理而创作出来的，所以有着鲜明的主题思想和典型化的形象，动作也较为复杂，具有规律性和规范性，舞者不能自由发挥。表演过程须受一定舞台空间和时间的制约。同时有音乐、舞美、灯光、服装等艺术手段的配合。

3. 古典舞

古典舞是从古代流传下来的具有典范性和古典风格的传统舞蹈。世界许多民族都有各具独特民族风格的古典舞蹈，如爱尔兰气势磅礴的踢踏舞。中国的古典舞大多保留在戏曲艺术中，剧中人物演唱和说白时的一举一动是舞蹈化的，也有成套的舞蹈组合，在表演上，手、眼、身、法、步的紧密配合是中国古典舞的传统特色。

4. 民间舞

世界各民族都有独特风格的舞蹈，其中民间舞蹈占有重要的地位。我国民间舞蹈大多数是和民歌相结合，采取载歌载舞的形式，因此也叫歌舞。民间舞具有鲜明的民族风格和地方特色，是广泛流传于民间的舞蹈形式。由于各民族各地区人民的生活、风俗习惯、劳动方式以及历史地理环境的不同，民间舞经过世代流传演化，从而形成了各自的风格和特色，成为珍贵的民族文化瑰宝。

民族舞蹈

古典芭蕾

现代芭蕾

5. 芭蕾舞

芭蕾舞是欧洲古典舞剧的统称。芭蕾艺术是从15和16世纪的意大利贵族余兴戏剧演出脱胎而来，形成于17世纪的法国，18世纪传入俄国，19世纪初期发展成为一门独立而完整的艺术，创造了女演员以足尖立地跳舞的技巧，发展了各种腾空跳跃和旋转技巧，并有一套完整的训练体系，逐渐形成了不同风格的意大利、法国和俄罗斯学派，对世界文化产生了很大的影响。现在许多国家都有不同风格的古典芭蕾和著名的芭蕾作品。

6. 现代舞

现代舞蹈是19世纪末和20世纪初在欧美兴起的一种舞蹈流派。其主要美学观点是反对当时古典芭蕾因循守旧、脱离现实生活和单纯追求技巧的形式主义倾向；主张摆脱古典芭蕾过于僵化的动作程式的束缚，以合乎自然运动法则的舞蹈动作自由地抒发人的真实情感，强调舞蹈艺术要反映现代社会生活。

7. 舞剧

舞剧是以舞蹈为主要表现手段，综合音乐、哑剧、舞台美

舞剧《花木兰》

术等因素，以集中塑造人物形象，展现生活中的矛盾冲突的一种戏剧形式，具有完整的戏剧结构。舞剧中的舞蹈一般以古典舞或民间舞为基础，结合剧中人物的性格和情节发展，分情节舞和表演舞两类，情节舞展现故事情节和人物性格，表演舞主要描写剧情所发展的时代和环境特征。

另外，根据舞蹈表现形式的特点来区分，它又可分为独舞、双人舞、三人舞、群舞、组舞、歌舞等。独舞，由一个人表演的完成一个主题的舞蹈，多用来直接抒发人物的思想感情和揭示人物的内心世界。双人舞，由两个人表演共同完成一个主题的舞蹈，多用来表现人物之间思想感情的交流和展现人物的关系。三人舞，由三个人合作表演完成一个主题的舞蹈，根据内容可分为表现单一情绪和表现一定情节以及表现人物之间的戏剧矛盾冲突等。群舞，凡四人以上的舞蹈均可称为群舞，一般多为表现某种概括的情绪或塑造群体的形象，通过舞蹈队形、画面的更迭、变化和不同速度、不同力度、不同幅度的舞蹈动作、姿态、造型的发展，能够创造出来深邃的诗的意境，具有较强的艺术感染力。组舞，由若干段舞蹈组成的比较大型的舞蹈作品，其中各个舞蹈有相对的独立性，但它们又都统一在共同的主题和完整的艺术构思之中。歌舞，是一种歌唱和舞蹈相结合的艺术表演形式，其特点是载歌载舞，既长于抒情，又善于叙事，能表现人物复杂、细腻的思想感情和广泛的生活内容。

根据反映社会现实生活的方法和舞蹈形象的特点来划分，还可分为抒情性舞蹈和叙事性舞蹈。抒情性舞蹈，又称情绪舞，其主要艺术特征是在特定的环境中以鲜明、生动的舞蹈语言来直接抒发人物——舞蹈者的思想感情，以此来表达舞蹈家对生活的感受和评价。叙事性舞蹈，又称情节舞，其主要艺术特征是通过舞蹈中不同人物的行动所构成的情节事件来塑人物，表现作品的主题内容。

三、舞蹈艺术欣赏

舞蹈在揭示人的心灵、抒发内心感情方面具有强大的艺术魅力。《毛诗序》说："情动于中而形于言，言之不足，故嗟叹之，嗟叹之不足，故咏歌之，咏歌之不足，不知手之舞之，足之蹈之也。"这说明人只有在非常激动、内心情感用语言以致唱歌都难以充分表达的时候，才会情不自禁地通过手舞足蹈来抒发。舞蹈正是运用人们表达感情的这种特殊形态，构成了它独特的艺术表现手段。它表达感情的方式是心神结合，以感情引起体动，以体动表达感情，给人以生动的直观形象。

舞蹈的欣赏，是人们观赏舞蹈演出时所产生的一种精神活动，是对舞蹈作品的感受、体验和理解的整个过程。在观众欣赏舞蹈的过程中，通过舞蹈作品中所塑造出的舞蹈形象会产

舞蹈造型

生积极的联想，从而引起情感上的共鸣，激发记忆中有关的印象和经验。人们进行舞蹈欣赏这种舞蹈的审美活动，首先必须具备一定的主观条件，也就是说要具有一定的舞蹈知识、舞蹈欣赏水平和认识能力，舞蹈欣赏活动才能正常和顺利地进行。如马克思所说："如果你想得到艺术的享受，你本身就必须是一个有艺术修养的人。"在欣赏方法上，首先可以通过了解舞蹈作品的内容和主题、形式及演员，再结合演出中演员的舞蹈动作、舞台灯光、布景和服饰所表现出的气氛、情景去进一步了解和欣赏作品所表达的内容和含义。其次，要对舞蹈艺术的基本特征有所学习和了解。舞蹈是文学、音乐、美术等各种艺术因素综合在一起而共同塑造艺术形象的。具有一定的舞蹈知识，将有利于欣赏舞蹈作品。再则，要学会欣赏音乐。舞蹈音乐和舞蹈是紧密相连的，鲜明准确的音乐形象、优美动人的旋律、丰富而有变化的肢体，将能更好地引导我们去深刻地理解和欣赏舞蹈作品。

在看演出时，将在观赏过程中对作品获得的初步印象的基础上，随着人物情感的深入表现，逐渐进入作品所创造的意境，然后根据自己的生活经验和对生活的认识产生联想和思考，从而与作品产生共鸣。这时我们不仅欣赏了舞蹈，也得到了很好的艺术美的享受。

影视艺术是时间艺术与空间艺术的复合体，它既像时间艺术那样，在延续时间中展示画面，构成完整的银幕形象，又像空间艺术那样，在画面空间上展开形象，使作品获得多手段、多方式的表现力。影视艺术包括电影、电视，电影是影视艺术的起源，电视是现代影视艺术的重要组成部分。

第七章
影视艺术

第一节
电影

电影是一门可以容纳文学、戏剧、摄影、绘画、音乐、舞蹈、文字、雕塑、建筑等多种艺术的综合艺术，但它又具有独自的艺术特征。电影在艺术表现力上不但具有其他各种艺术的特征，又因可以运用蒙太奇这种艺术性极强的电影组接技巧，具有超越其他一切艺术的表现手段，而且影片可以大量复制放映。电影以现代科技为手段，在银幕的空间和时间里，塑造出运动的、音画结合的、逼真的具体形象。电影能令人信服地"还原"并"创造"出一个真实的世界，给人以逼真感，使人宛如身临其境。电影的这种特性，可以满足人们更广阔、更真实地感受生活的愿望。

一、电影的产生与发展

电影是一门根据"视觉暂留"原理，运用照相以及录音手段把外界事物的影像以及声音摄录在胶片上，通过放映在银幕上造成活动影像、声音来表现一定内容的技术。早在 1829年，比利时著名物理学家约瑟夫·普拉多发现：当一个物体在人的眼前消失后，该物体的形象还会在人的视网膜上滞留一段时间。这一发现被称为"视象暂留原理"。普拉多根据此原理于 1832 年发明了"诡盘"。诡盘能使被描画在锯齿形硬纸盘上

诡盘

W.K.L.迪克生

美国发明家爱迪生

卢米埃尔兄弟

的画片因运动而活动起来，而且能使视觉上产生的活动画面分解为各种不同的形象。诡盘的出现，标志着电影的发明进入了科学实验阶段。1834 年，美国人霍尔纳的"活动视盘"试验成功。1853 年，奥地利的冯乌却梯奥斯将军在上述发明基础上，运用幻灯放映了原始的动画片。摄影技术的改进是电影得以诞生的重要前提，也可以认为摄影技术的发展为电影的发明提供了必备条件。1872 年至 1878 年，美国摄影师爱德华·慕布里奇用 24 架照相机拍摄飞腾的奔马的分解动作组照，通过在幻灯上的放映，即在银幕上看到了骏马的奔跑。1888 年，法国人雷诺试制了"光学影戏机"，用此机拍摄了世界上第一部动画片《一杯可口的啤酒》。1889 年，美国发明家爱迪生在发明了电影留影机后，又经过 5 年的实验，发明了电影视镜。他将摄制的胶片影像在纽约公映，轰动了美国。但他的电影视镜每次仅能供一人观赏，一次放几十英尺的胶片，内容是跑马、舞蹈表演等。他的电影视镜是利用胶片的连续转动，造成活动的幻觉，爱迪生发明的电影视镜传到我国后被称为"西洋镜"。1895 年，法国的奥古斯特·卢米埃尔和路易·卢米埃尔兄弟，研制成功了"活动电影机"。活动电影机有摄影、放映和洗印三种主要功能。它以每秒 16 画格的速度拍摄和放映影片，图像清晰稳定。1895 年 3 月 22 日，他们在巴黎法国科技大会上首放影片《卢米埃尔工厂的大门》获得成功。同年 12 月 28 日，他们在巴黎的卡普辛路 14 号大咖啡馆里，正式向社会公映了他们自己摄制的一批纪实短片、有《火车到站》《水浇园丁》《婴儿的午餐》《工厂的大门》等 12 部影片。卢米埃尔兄弟是第一个利用银幕进行投射式放映电影的人。史学家们认为，卢米埃尔兄弟的拍摄和放映活动已经脱离了实验阶段，因此，他们把 1895 年 12 月 28 日世界电影首次公映之日即定为电影诞生之时，卢米埃尔兄弟自然当之无愧地成为电影之父。

如今，许多电影仍然用能把影像记录到胶卷上的摄影机来拍摄。胶卷经过冲洗之后，再用放映机来运行胶卷。放映机可以发出光线，透过胶卷，这样影像就在银幕上显示出来了。自从有声电影发明以来，大多数的电影都是有声电影。随着科学技术的发展，电影也可以用数码摄像机来拍摄，替代了传统的胶片拍摄，这种方法可避免胶片长时间存放的失真，但胶片拍摄的影片仍然受到人们的青睐。科学技术在当今电影艺术的发展中起到越来越重要的作用，高清电影、3D 电影、4D 电影等，科技的发展正为我们提供着不断完美的视觉盛宴。

电影按其内容分为动作电影、科幻电影、喜剧电影、恐怖电影、战争电影、灾难电影、爱情电影等。电影的摄制创作是一项大的工程，耗资巨大，参与的人员众多，按照职责的划分主要有剧本编创人员、制片人、导演、演员、美工、灯光、场记及后勤保障人员等。许多现代科幻电影必须由电脑参与，需要 3D 模型设计师、动画师、音效师和其他人员来制作。现

4D电影

在又出现通过互联网播放的微电影，制作成本较低，制作周期短，为青年电影艺术家提供了崭露头角的机会。

二、电影的叙事结构

电影是一种以叙事为主的艺术，其结构指作品内容的组织、安排、构造，如词组结构、句型结构、段落结构。电影的叙事结构可分三个层面：第一个层面指组织关系和表达方式，可称为本文结构或总体结构，它与蒙太奇结构含义相当，是影片的总体架构方式；第二个层面指电影整体系统的组织关系，如类型片结构模式；第三个层面即影片内部各元素的组合关系，如情节、画面、剪辑的组合关系。分析结构模式离不开对影片内容的理解。五种常见的电影结构模式类型如下。

1. 因果式（戏剧式）线性结构

以故事因果关系为叙述动力，以线性时间戏剧化展开故事，叙事链单一，追求情节结构环环相扣、逻辑严密的完整结局，强调外部冲突和动作强度，如《生死抉择》《最后一分钟营救》等。多数传统电影属此类，其经典情节结构强化了"幻象真实"和移情，吸引观众入戏，如《真实的谎言》。

2. 回环式套层结构

以多层叙事链为叙述动力，以时间方向上的回环往复为主导（非线性发展），情节过程淡化，讲述方式突显，意义不在故事中而在叙述中产生，它调动观众参与意义建构，以理性思考取代前者的移情入戏，不给出确定的结局和意蕴，如《罗生门》《法国中尉的女人》《罗拉快跑》。

《真实的谎言》电影海报

《法国中尉的女人》电影海报

3. 缀合式团块结构

没有明晰的时间线性故事发展和因果关系，也没有连贯统一的情节主线和戏剧冲突焦点，以打乱时空的叙事片段缀合而成，各个片段或团块之间有向心力，形成"形散神聚"的散文式结构或意象并置组合的诗化结构。它不以情节和哲理取胜，而以意象意境耐人寻味，如《城南旧事》《小城之春》。

《城南旧事》电影截图

4. 交织式对照结构

以两条以上叙事链组合形成对照性张力运动，建构复调主题，其因果关系、戏剧线性叙述仍然存在，只不过更复杂化，它将移情幻象与哲理思考合而为一，如《老井》《安娜·卡列尼娜》。

《安娜·卡列尼娜》电影海报

5. 梦幻式复调结构

以梦境和幻觉为主要叙述链和内容，以两个以上叙述声调形成对话和冲突，物理时空转化为心理时空，多重对话形成对话狂欢，如《野草莓》《八部半》《梦》。

三、电影剪辑技巧

在电影镜头的转换中常用不同的光学技巧和手法，以达到剪辑影片的目的。常用的电影剪辑技巧如下。

1. 切入切出

这是电影中最常用的一种镜头转换方法，即不加技巧地从上一镜头结束直接转化到下一个镜头开始，中间毫无间隙，称为切。

2. 淡出淡入

画面逐渐变暗，最后完全隐没，这种方法叫作淡出或叫渐隐。相反，画面逐渐由暗变亮，最后完全清晰，这个镜头叫作淡入，也叫作渐显。

3. 划入划出

有时用一条明晰的直线，有时用一条波浪形的线等从画面边缘开始直、横、斜地将画面抹去，叫划出。代之以下一个画面，叫划入。

4. 化出化入

化出化入又称溶出溶入。在一个画面逐渐隐去（化出）的同时，另一个画面逐渐显露（化入）。这常常用在前后两个相互联系的内容和场景，造成慢慢过渡的感觉。

5. 叠印

叠印指两个画面甚至三个画面叠合印成一个画面，常表现剧中人物的回忆、梦境、虚幻想象、神奇世界等。

6. 其他光学技巧

焦点变虚：画面的若干画格焦点变虚，影像逐渐模糊。虚的速度和长度可以自由掌握，常表现剧中人视线模糊、昏迷等情景。定格：常指一个动态镜头瞬间静止在某一画面上，画面上显得颗粒很粗。倒向印片：把所摄的正常镜头按照与动作相反的顺序印片。分割画面：利用遮片把一个画面分割成两个、三个或更多的画面。加遮片：当一个演员同时扮演的两个角色出现在同一画面上时，遮片先加在一侧，先曝光另一侧，然后再调换遮片和曝光。

第二节
电视剧

电视剧是一种专为在电视机荧屏上播映的演剧形式。它兼容电影、戏剧、文学、音乐、舞蹈、绘画、造型艺术等诸因素，是一种适应电视广播特点、融合舞台和电影艺术的表现方法而形成的艺术样式，它具有艺术综合性强及信息传播性广的特点。电视剧是随着电视广播事业的诞生而发展起来的，一般分单本剧和系列剧（电视影集）。它已成为最普遍、最受大众喜爱的消费艺术种类。

一、电视剧艺术的特点

由于制作电视剧的物质材料（摄像机和录像磁带）、传播媒介（电视屏幕）以及欣赏方式（以家庭式为主）等方面的特殊性，使这种艺术样式具有以下特性。

1. 与电影的区别

由于电视屏幕的面积比电影银幕小得多，因而，在电视剧中一般都尽量少用全景和远景，大多采用中、近景和特写。特写镜头不但在电视剧中频繁出现，而且延续的时间幅度也大。它在电视剧中除有突出和强调作用外，还是叙述剧情的重要手段。

2. 语言因素占重要地位

由于面对面交流的特点和特写的大量运用，使得对白和独

电视剧《中国远征军》

电视剧《川军团血战到底》

白的作用大大加强，一些电视剧还经常采用第一人称的自叙方式，本身就像是一段长长的独白。电视剧的这种叙述方式在家庭环境中显得亲切感人。

3. 适于揭示人物的内心活动，展示人物内在思想感情的变化

有人认为，电视剧是对"生活的转播"。由于荧屏与观众之间的距离小，因而对演员的表演提出一些特殊的要求，如力求生活化、朴实而自然，切忌舞台表演中动作与声调的放大和夸张，需要较为本色的表演和即兴式的创作，才能给人以生活自身形态的感觉。又由于电视剧欣赏方式（家庭式）的特点，使它的篇幅灵活自由，可以有 10 多分钟的电视小品，也可以有长达几集甚至几十集的电视连续剧。

二、电视剧的产业化

中国电视剧的发展历程代表了电视产业化发展的最前沿成果，是中国电视产业走在最前面、改革步伐最快、取得成绩最突出、市场化程度最高的领域。无论从整体规模、经营现状还是从发展趋势来看，电视剧产业都是我国电视产业中最为重要的组成部分。我国的电视剧产业在制作数量、播出

平台、广告收入等产业链的各个环节积累经验，日益成熟。电视剧产业在电视产业和内容产业中占据重要位置，电视剧市场是我国电视节目市场重要的组成部分，电视剧交易占全国节目交易总量的 90%，随着各种渠道资金的大量涌入，电视剧生产将会越来越活跃。

随着新技术的开发运用，一些新兴的媒体对电视剧的需求也在不断增加。数字电视加速发展，手机电视也加快运营的步伐，新技术的运用导致媒介的大融合，内容的输出平台（频道）呈现几何式的增长，电视市场已经由渠道的匮乏转变成内容的匮乏，而在所有的节目中，影视内容是最具决胜意义的一环。另外，在数字技术和信息技术的影响下，中国的媒体格局发生了革命性的变化，电视剧播出平台得到极大的延伸，新兴的电视媒体形式包括数字付费电视、VOD 点播、网络电视、手机电视、直播卫星电视、移动电视等。在这种发展趋势下，电视剧产业将面临巨大的发展契机，其生产、交易和盈利模式也将发生适应性的调整。近年来，我国电视剧产业链各个主体逐渐清晰完善，已经形成了包括投资、制作、交易、播出和广告经营五大环节在内的、有电视剧制作方、购买方、播出方、观众和广告客户等多方参与的基本完整的产业链形态。

艺术创作是指艺术家运用自己的艺术经验、艺术观念以及审美体验，通过一定的艺术媒介和艺术语言，把特定的艺术内容、艺术形式转化为艺术形象、艺术作品和艺术文本的创造性活动。艺术创作从根本上来说是人类的审美创造活动。

第八章
艺术创作

第一节
艺术家

　　与自然界许许多多美丽的景色和美丽的生命不同的是，艺术作品是由艺术家个人或艺术家群体创造出来的。艺术家是艺术作品创造的主体，有什么样的艺术家就会有什么样的艺术作品，艺术家的受教育经历、气质、生存环境与审美价值取向等因素的差别造成了艺术作品形式的千差万别。时代性、民族性、地域性可以导致艺术风格与流派的产生与发展，非洲艺术与欧洲艺术、15世纪的艺术与20世纪的艺术、中国的艺术与外国的艺术，从整体上来看它们都有非常大的区别。在过去很长一段时期内，交通信息的闭塞曾使得艺术的发展具有很强的地域性特点，在江南的一些地区甚至村与村的方言都不一样，至今我们也可以看到北方艺术与南方艺术在审美理念和表现形式上的差异。至于艺术家个人，由于人与人各个方面的差别，其修养、气质性格、艺术表现的方式与方向、艺术圈子等都可能成为影响他艺术创作的因素。

　　艺术作品是如何诞生的？它的创作步骤与过程又是什么？因各个艺术门类的区别，它们的创作方法又各有不同，但基本不外乎创作构思阶段、创作初期阶段、创作深入阶段、创作调整阶段和展示。就绘画创作来说，艺术家创作一幅作品的过程有考虑酝酿、画草图、创作、调整修改至作品完成，然后参

莱尔米特《收获的报酬》

勒帕什《午间》

加展出、发表或销售。画家、作家、书法家艺术创作的过程基本上是个人行为，当然也可以是群体行为，书可以按章节由不同作家来执笔，大幅的绘画作品可以由几个画家分部分来创作等。而在音乐艺术、影视剧艺术、表演艺术等艺术领域则必须按分工进行，导演、演员、作曲家、演奏家、指挥家、舞美师等须各司其职，他们个体的创作必须融入大的艺术行为之中。

艺术创作的过程是一个复杂的过程，它有时会按部就班地按照作品构思的方案进行工作，有时却必须推翻原有构思重起炉灶；有时反复推敲不得其解，有时不经意间柳暗花明；有时老老实实按套路出牌作品效果平平，有时奇思妙想倒得到满堂喝彩。这就是艺术，艺术需要创新，既有规则又无规则，既有标准又无标准，因为时代的变化带动了审美标准的变化。

艺术家指具有较高的审美能力和娴熟的创造技巧并从事艺术创作劳动而有一定成就的艺术工作者，既包括在艺术领域里以艺术创作作为自己专门职业的人，也包括在自己职业之外从事艺术创作的人，是一个艺术作品的创作者。艺术家应当具备艺术的天赋和艺术的才能，掌握专门的艺术技能和技巧，具有丰富的情感和艺术的修养，通过自己的创造性劳动来满足人们特殊的精神需要即审美需要。作为一种特殊的精神生产，艺术生产既不同于其他形式的精神生产，更不同于人类的物质生产，具有自己独具的规律和特征。

一、艺术家的特征

在人类早期阶段，精神生产与物质生产尚未分离的时候，技术娴熟的工匠就是早期的艺术家。之后，随着生产的发展，社会分工中体力劳动与脑力劳动的最后分野，使艺术生产成为一个独立的精神生产部门，从而为专业艺术家的出现提供了客观条件。同时，人类长期的劳动实践还为艺术家的出现创造了主观条件：一方面，它创造了艺术家的审美的感官、灵巧的肢体、健全的心理结构、熟练的技巧、能力等；另一面，它创造了人丰富复杂的精神世界，创造了整个社会对艺术不可缺少的审美需求。没有这种需求，也就不可能有艺术家的产生。由于艺术生产具有复杂性和多样性的特点，使得在艺术家这一总称下，又有许多不同的艺术分工。艺术家既包括以个体劳动方式进行创作的文学作家、雕塑家、画家等，也包括以集体劳动方式进行创作的戏剧艺术和影视艺术的编剧、导演、演员、美工等。在戏剧、电影、电视、舞剧、交响乐等这样一些集体创作的艺术形式中，整个作品的艺术形象是由许多艺术家们组成的创作集体完成的。

艺术家是进行艺术创作的主体。作为创作主体，良好的审美素养、丰富的情感、创造性的想象力和娴熟的艺术表现技巧是艺术家的主要内涵。其生活积累、思想倾向、性格气质、艺术实践积累是艺术创作得以顺利开展和最终完成的基础和前提。丰富的生活经验和对生活敏锐而深刻的洞察力是艺术家必须具有的素质。艺术家创作艺术作品，总是从特定的审美感受和体验出发，运用形象思维，按照审美的规律对素材进行选择、加工、概括、提炼，构思出主观与客观交融的审美意象，然后再使用物质材料将审美意象表现出来，最终构成内容与形式相统一的艺术作品。

艺术家的主要特征是：一是创造精神，艺术家最注重自身创造性的情感体验，更看重创造过程中的精神愉悦，艺术家身上应具有一种强烈的变革意识和执着的献身精神；二是素质修养，包括文化修养、道德修养、艺术修养；三是艺术天赋，具有超出常人的丰富情感，异于常人的审美感受力，强于常人的艺术想象力。

二、艺术家的素质

真正的艺术家往往具有为艺术而献身的精神。由于艺术生产是一种自由自觉的精神生产，真正的艺术家绝不把艺术作为获取名利的手段，而是看作自己毕生的事业和追求，并为之奉献自己的全部心血和生命。社会责任感和对艺术执着的爱，在艺术创作活动中往往转化成为强烈真挚的感情，成为艺术家进行创作的内在动力，从这种意义上完全可以讲，一切伟大的作品都是艺术家的呕心沥血之作。司马迁遭受酷刑后发愤著书，写出了将历史的科学性和文学的优美性巧妙结合在一起的巨著《史记》，在中国文学史上产生了相当大的影响；曹雪芹晚年在贫困清苦的生活中，完成了《红楼梦》的创作，书中可见"字字看来皆是血，十年辛苦不寻常"；后印象派画家高更为了艺术的梦想，放弃了舒适的生活，到南太平洋的塔西提岛和土著人长期生活在一起；梵高在极端贫困的条件下，创作出了一批惊世之作。

艺术家还要具有敏锐的感受、丰富的情感和生动的想象能力。由于艺术生产是一种特殊的精神生产，它的突出特点是把艺术家强烈的主观因素渗透到艺术创作之中，并且将"心中之物"物化为艺术作品和艺术形象。因此，在艺术创作中，艺术家的内在精神世界显得尤其重要和突出。艺术家自身的感受、情感、思想、心境、愿望、志趣等因素，对艺术创作活动都有着至关重要的意义。正因为如此，艺术家应当具有敏锐的观察、体验与感觉生活的能力，并能将自己的情感和想象力融入艺术作品中，才能创作出感人的艺术形象。

艺术家要具有强烈的创新意识和鲜明的创作个性。科学技术与文学艺术一样，都离不开创新。离开了创新，科学技术就不能发展；离开了创新，文学艺术就失去了生命。相比之下，精神生产比物质生产需要更多的创造性。尤其是艺术生产比起其他精神生产来，更需要艺术家将自己独特的艺术风格和创作个性体现在自己的艺术作品或艺术形象之中。从本质上来讲，艺术独特性是艺术生产的一个重要特征。艺术创作是人类一种高级的、特殊的、复杂的精神生产活动。艺术的生命就在于创造和创新。没有创造，没有创新，就没有艺术。这就意味着艺术家必须不断地超越前人，超越同时代人，并不断地超越自己。

艺术家必须具有专门的艺术技能，熟悉并掌握某一具体艺术种类的艺术语言和专业技巧。由于艺术生产是一种特殊的精神生产，它与物质生产也有某些相似之处，这就是通过劳动创造出产品来。对于艺术生产来讲，就是要创造出艺术作品或艺术形象，这就要求艺术家应当具有艺术表现的技巧和艺术传达的能力。艺术的"术"是技艺和技术，任何一门技艺都不可能一朝一夕练成，都需要经过长时间的学习与磨炼。古今中外艺术家勤奋学艺的故事太多了，如达·芬奇画鸡蛋、王献之依缸习字等故事。艺术技能是艺术家必须掌握的基本技能，没有相应的表现技能，再好的创意也无法表达。

达·芬奇作品

三、艺术家的修养

1. 艺术家的生活修养

作为艺术创作的主体，艺术家与社会生活有着十分密切的关系。任何艺术作品都是艺术家对于社会生活的能动反映和艺术创造的产物。艺术创作从主客体两方面来看，都与社会生活有着十分密切的关系。从创作客体来讲，社会生活是创作的源泉和基础，艺术创作不能离开客观现实社会生活；从创作主体来讲，艺术家总是属于一定的时代、民族和阶级，艺术创作归根结底受到一定社会生活方式的制约，也与艺术家本人的生活实践与生活经历密不可分。社会生活对艺术家的艺术创作十分重要，艺术家对社会生活的观察与感受分为直接体验与间接体验两种情况。所谓直接体验，是指艺术家在生活中亲身的所见、所闻、所感、所遇，这些亲身经历往往成为艺术家创作的原料，激发起艺术家的创作欲望，激发起艺术家生动的想象和丰富的情感。所谓间接体验，是指艺术家从他人的言谈和著作中所吸取的生活经验，这些间接的生活体验常常可以扩大艺术家的视野，拓展艺术家的生活积累，诱发艺术家的创作灵感。一般来讲，在艺术家与社会生活的关系中，直接体验是基本的，是艺术创作的基础；间接体验是必要的，是艺术创作的补充。

艺术家本人作为创作主体，总是属于一定的民族和时代，他与社会生活有着千丝万缕的联系。因此，艺术家在进行艺术创作时，不仅需要从社会生活中汲取创作的素材和灵感，而且要对社会生活作出判断和评价，自觉或不自觉地表明自己的倾向和态度，从主观方面也折射和体现出社会生活的影响。艺术作品并不是社会生活的简单再现，艺术既是再现，又是表现。艺术作品中的形象往往都是艺术家人生阅历和生活实践经验的结晶。一方面，社会生活作为艺术创作客体，为艺术家提供了创作的素材和灵感；另一方面，社会生活又对艺术家的思想情感和创作风格产生深刻的影响。在主客体这两个方面，艺术家都与社会生活结下了不解之缘。

2. 艺术家的文化修养

艺术生产作为一种特殊的精神生产，除了需要艺术家具有一定的技艺和艺术才能外，还需要艺术家具有一定的文化修养。艺术家的文化修养包括深刻的思想修养、深厚的艺术修养以及自然科学和社会科学等多方面的广博知识。达芬奇之所以在绘画艺术中取得这样巨大的成就，除了优越的艺术天赋、刻苦的技巧训练外，同他渊博的科学文化知识也有很大的关系，他到佛罗伦萨后，除了学习绘画的技能技巧外，还向数学兼天文学家托斯卡奈里等人学习数学、透视学、光学、解剖学等多方面的科学文化知识，为他后来的艺术创作奠定了深厚广博的文化基础。艺术家深厚的文化修养，无不来自勤奋的学习、艰苦的探索和不懈的实践。这种学习，包括学习和借鉴前人的经验，也包括学习和借鉴同时代本国和外国艺术家的经验，还包括学习和借鉴其他姊妹艺术的经验，更包括学习哲学、历史、文学、美学、伦理学、心理学、社会学和自然科学等多方面的广博知识，只有这样，才能使艺术家真正具有博大深厚的文化修养。同艺术才能的培养一样，艺术家的文化修养同样需要长期勤奋的学习和积累。

四、艺术家的艺术才能

艺术才能是指艺术家创造艺术形象的能力，它是先天禀赋和后天训练培养相融合而形成的艺术创造力。毋庸讳言，许多杰出的艺术家都具有超出普通人的艺术天赋和才能。例如，奥地利大作曲家莫扎特幼年就显露出非凡的音乐才能，他3岁学弹钢琴，5岁开始作曲，7岁就随父亲和姐姐组成三重奏乐团，到欧洲各国的几十个城市作旅行演出，所到之处都受到当地群众狂热的赞赏，11岁时就完成了第一部歌剧的创作，13岁时便担任大主教的宫廷乐师。但是，艺术才能虽然同艺术天赋分不开，但更有赖于后天的刻苦训练和培养，有赖于长期的、艰苦的、勤奋的艺术实践。从某种意义上讲，"天才出于勤奋"这句格言同样适用于艺术家。匈牙利钢琴家李斯特虽然有超人的天赋，但他的成就与后天的刻苦钻研和勤奋实践有着更直接的联系。李斯特10岁时就到维也纳学习音乐，12岁时又只身来到异国他乡的巴黎，准备进音乐学院接受系统教育，虽因种种原因未能如愿，但他后来在巴黎期间，与流亡巴黎的波兰钢琴家肖邦交往，与德国作曲家舒曼通信，注意吸收巴黎各家各派钢琴演奏之所长，并且同当时法国的文学家雨果、乔治·桑等交往甚密，从中吸取了不少艺术营养，还注意从民歌和民间中吸收养料，终于在艺术上取得了突破，形成了自己独特的风格和学派。鲁迅自嘲道："哪有什么天才，我是把别人喝咖啡的时间都用来写作了。"有才能而不努力是绝成不了艺术家的，历史上也不乏一些有出类拔萃艺术才能的儿童，后来却默默无闻。

第二节
艺术体验

　　艺术作品是艺术家通过艺术媒介、经过艺术体验和艺术构思创造出来的艺术产品。它是艺术生产的成果或产品，是艺术家运用一定的物质媒介和艺术语言，通过艺术构思和艺术创作，将头脑中形成的主客体统一的审美意象物态化，创造出来的可供审美鉴赏的对象。由于各个艺术门类的特点不同，它们的创作途径也有区别，但基本上可划分为三个阶段：艺术体验、艺术构想与艺术传达。

　　艺术体验是艺术创造过程中的准备阶段，是艺术家在长期积淀的审美经验的基础上，调动情感、联想等心理因素，对特定的审美对象进行审视、体味和理解的过程。艺术体验活动是艺术创作的准备阶段，一般分为自发艺术体验（无意识无目的）和自觉艺术体验（有意识有目的）两种形式。艺术体验需要艺术家仔细地观察生活，深切地感受生活，认真地思考生活。体验的目的是积累生活素材和经验，激发创造欲望和动机。

　　体验作为一个心理学范畴，它是人们把握世界的一种心理形式，具体地说就是情感活动的一种特殊方式。体验与情感是密不可分的，因此，艺术体验是一种包含主体情感的审美体验。德国哲学家、20世纪现象学学派创始人胡塞尔认为：

"经验是意识活动的外在关系结构，体验则是意识活动的内在关系。"体验本身是主体的生命活动或心灵活动，无意体验是人们大都在经历着的日常生活中所经历的包括视觉、听觉、味觉、触觉体验，为无审美目的性的常态化体验；而艺术体验通常要求主体投入情感地参与，是人类有意识有目的的审美活动。观察是艺术家获取创作素材的感知活动，研究和分析是对观察所获取的材料进行加工制作的思维活动，体验就是将创作素材加以处理、品鉴的情感活动。

一、艺术体验的感受性

艺术体验离不开艺术感受，主体的感受性是艺术体验的关键和基础。审美感受是审美主体的全方位的生命认知体验，审美主体的感性心理活动对客观事物的反映具有直接性。有目的性的审美感受会有意识地归纳处理我们所接受到的信息，我们聆听音乐时，听觉器官所直接感受到的是带有刺激性的声音信号，而主体感知的是节奏和旋律，高低音等因素经过主体欣赏者的感知和体验，最终使主体产生音乐的美感和情绪的共鸣。

感受是艺术体验的初始阶段，但如果把艺术体验单纯地归结为感受，就不能从根本上划清人类的审美与动物对音响、色彩的感受之间的界限。感受在艺术体验中需要进一步提升为艺术知觉和艺术理性，理性在艺术体验中表现为抽象思维，它们互相促进，共同作用于艺术体验。运用抽象思维来把握事物之间的内在联系，从而认识事物的本质，这是一个由感性上升为理性的过程。艺术知觉要通过艺术表象，最终上升为艺术的理性思维，这种理性思维反过来又影响主体对艺术的感受。任何一个审美过程和艺术体验都是在感性升华到理性的过程中完成的。

二、艺术体验的情感性

贯穿艺术体验始终的还有体验的情感性问题。情感是人们对与之发生关系的客观事物的态度体验。人在社会生活中，总会同客观世界的许多事情发生这样或那样的关系，个体对于这些事物和状况，会根据它们是否符合主体的需要而分别采取肯定或否定的态度，也就是进行价值判断，并且当这种态度与价值判断引起了个体的以某种生理感觉为其特征的体验时，才生成情感。情感的产生首先离不开感受与认知，一定的感受与认知构成了某一情感活动的内容，但认知不等于感情。情感活动是由不同的情绪构成的，情绪是指与有机体生理需要相连的态度体验，也就是由防御本能、性本能、求食本能等无条件反射引起的多种较低的情感活动，并且这种情绪事实上是与有关"社会生存条件"和"社会制约"等认识相联系的，冷热痒痛、酸甜苦辣、光线明暗、乐音噪音等一切普通的感觉和知觉都会引起情绪反映或情感的波动。因此，认知感受不等于情感，情感要比认识复杂得多。情感可能受到个体的处境、思想、心境等状况的制约和影响，对同一种自然现象或社会现象，不同的个体会产生不同的感情，甚至是相反的感情。比如发生了一件事，有人高兴，有人痛苦，这就是主体在感知后对同一事件产生了不同的态度体验和价值判断，这种价值存在于事物与一定主体生存与发展的客观目的关系中，它作用在客体与主体的双

南京秦淮河夫子庙夜景

方，并且以主体生存与发展的客观需要为转移。它是情感的属性。因此在艺术中往往出现情感与多种感受形态相联系的情况，从而构成了情感的多变性与复杂性，刘勰的"登山则情满于山，观海则意溢于海"与杜甫的"感时花溅泪，恨别鸟惊心"就明显是两种不同心情的写照；朱自清与俞平伯同游秦淮河，以"桨声灯影里的秦淮河"为题各作散文一篇，然而心情不同，观察体验的视点不一样，作品的风格也就不同。

在艺术体验中，由认知感受到情感产生不是一蹴而就的，知觉与表象是这个过程中不可逾越的环节。感性的艺术形象需要我们对它进行形式的感受与感知，进行态度与价值判断，这样我们才形成了初步的审美感情。这时，在我们的记忆中已形成表象，艺术表象不但包括记忆、想象，还包括理性和情感，记忆表象中的直观性就是侧重情感的结果，这也是我们对客体艺术形式上的感知结果。表象还具有概括性，这是我们侧重理性的结果，是我们对艺术内容进行思考、判断与推理的结果，理性思维对表象进行思考、判断又会产生新的表象，从而也产生了新的审美情感。新的审美情感又会积淀在我们的感受与认知中，造就了更加丰富的艺术感受力与丰富的情感体验力，造就了更加深刻的艺术体验。

三、艺术体验感受性与情感性的关系

在艺术体验中，感受与情感是共同存在、互生互助的辩证关系。这种互相依存的关系首先体现在对艺术形式与内容的体验中。在艺术体验的过程中，主体对艺术品由形式到内容的感受、感知、产生情感，需要一段受阻与顺畅的过程，

对艺术品由形式到内容的征服，对不同的形式与内容的感受又会产生不同的情感。审美情感本质上是一种自由的情感，能够畅快宣泄的情感，缓解与阻滞是为了形成情感堤坝后有效的自由宣泄。因此对艺术品由形式到内容的感知有利于情感对形式和内容的征服，最后达成"妥协"与"和解"，进而生成一个生机勃勃的高度统一和谐的艺术世界。没有形式与内容的相冲突的力量爆发，情感的积蓄就不会在感受中得到升华。任何的艺术体验都无法只用眼睛、耳朵等感觉器官去体验艺术的感性外表，而必然在感受的同时自发或自觉地寻求理解，以认识在艺术品的感性外形之中包含着什么内容，具有什么样的意义。

艺术体验中的感受性与情感性的互助依存关系还存在于由局部到整体的体验过程中。任何一个完整的艺术品都不是局部的简单相加，而是包含了各个局部的有机组合所生发出来的意义。如现代小说、电影、电视等艺术，在表现形式上往往有频繁的时间颠倒和空间穿插，我们的艺术体验如果只停留在感受上，那么我们所欣赏的对象就是无序的。无序对象的各个局部如果只在体验者的感受中简单相加，就不能产生真正的情感和完善的艺术形象，就连各个局部的感受也会因互相干扰而大打折扣。因此，真正的艺术体验是把各个感受的孤立点集中起来，对认知对象的各个局部在时间、空间、人物关系、情节变化以及潜在意义上的联系加以情感的把握，最终把无序的感受变为有序的形象。总之，感受认知与情感生成是互相促进、紧密结合的。情感活动的确给人以深刻的体验，但任何情感都不能无缘无故而生，缘故只能是

巴金家电视剧剧照

对客观事物的感受认知。因此，盲者因不能感知名画而无由产生审美之情，天生的聋人则因不能感知名曲亦无由产生乐音之美。情感固然依存于认知感受，但认知感受也是情感的源泉并促其升华，美的情感又会反过来促进认知感受的深化，加深对艺术形象的感受和对理性内涵的思索，使想象与联想更加活跃。

艺术体验是一个在感受与情感的双重作用下，发挥主体多项心理内容（包括认知、知觉、想象、联想、思维判断、抽象推理）的复杂的审美心理活动。它在客体主体化、主体客体化的同时彰显了主体生命的审美意志。生命审美意志体现在艺术体验的客体主体化与主体客体化之中。马克思讲："要欣赏音乐，就必须要有音乐的耳朵；而感受形式的美，就要有感受形式美的眼睛。对于不辨音律的耳朵，最美的音乐也毫无意义，音乐对他来说不是对象。"主体感受的丰富性是与客体对象展开的丰富性相适应的一种本质力量，并且相互适应，彼此渗透。总之，感受性与情感性在艺术体验中给生命带来了快乐，带来了力量，更带来了常态生活中的不同经验。它们是审美心理活动中的重要内容，它们在紧密结合、互相促进中完成了对艺术客体由感性到理性的体验过程，完成了一个由感受、认知、知觉、表象、情感等共同构成的艺术世界，实现了人的本质力量对象化与心灵自由意志的美的彰显。

艺术体验这种特殊的创作心理活动，既是艺术家才能的表现，又是艺术魅力得以产生的一个不可缺少的条件，更是艺术的一个突出的本质特征。列夫·托尔斯泰说："艺术是这样的一项人类活动，一个人用某些外在的符号有意识地把自己体验过的感情传达给别人，而别人为这些感情所感染，也体验到这些感情。"艺术家只有在艺术体验时投入感情，才能创作出感人的作品。老舍曾经谈到过他写剧本的体会："我是一人班，独自分扮许多人物，手舞足蹈，忽男忽女。我总是一面出着声儿，念念有词，一面落笔。"巴尔扎克在创作中曾多次扮演过自己作品里的角色，有时独自一个人和作品中的人物大声吵架，有时为作品中人物的死而悲痛得不能自拔

罗丹作品《巴尔扎克像》

等。这些大家之所以在艺术创作上获得巨大的成功，写出那么丰富的不朽之作，原因之一就是他们对生活，对人生，对他们所描写的对象有着深刻的切身体验。艺术家在现实生活中获取的创作材料，无论多么生动、具体，都不能轻而易举地直接转化为艺术作品。只有对这些材料进行以心会心的切身体验，才能实现主体与对象的统一，情思与物象的交融，客体物象转化为主体的心象、审美意象，进而物化为艺术作品。可见体验在艺术创作中起着关键的作用，有着特殊的审美功能。体验在艺术创作中的功能与其特性有关，它的功能在很大程度上取决于它的特性。

四、艺术体验的想象性

艺术创作中的审美体验是在一种假定性情境中进行的，所以艺术体验有着突出的想象性。艺术家在体验中要把别人的生活当作自己的生活来过，但是他的推己及人绝非形式逻辑的概念推论，而是设身处地地去想象，通过想象进入角色，使主体与对象融合，进入一种物我两忘的状态，体味对象的审美意蕴。法国作家福楼拜在给批评家泰纳的信中追叙

《包法利夫人》影片海报

了他创作《包法利夫人》的体验:"想象的人物迷我,追我,或者不如说是我深入到他们的皮肤里去。我写包法利夫人服毒,我一嘴的砒霜气味,就像自己中了毒一样,一连两回闹不消化,因为我把晚饭全呕出来了。"巴金在谈到小说《家》的创作时说,他自己跟着书中每一个人受苦,跟着每一个人在魔爪下面挣扎,陪着那些年轻的灵魂流过一些眼泪,也陪着他们发过几声欢笑。艺术家审美体验的想象性不仅表现在单纯的意识活动中,而且有时也表现在具体的模拟行动中,不过这种行动不是在真正的生活中,而是在想象的情景中进行的。演员演戏要服从角色的需要,演警察是警察,要把自己想象成是一位真正的警察;演小偷是小偷,也要把自己想象成一个真正的小偷。一个角色演绝了,是入戏,有演员入戏太深,回到现实生活中反倒不适应了,但这却说明了艺术家在创作中是何等地重视具有想象性的审美体验。艺术家正是在审美体验中借助想象超越了现实生活的局限,达到一种更自由、更完美、更理想的艺术境界。

艺术是一种特殊的具有审美性质的社会意识形态,它必须以客观存在的社会生活为基础。然而艺术又是艺术家的创造,是对客观现实生活的超越。客观实际存在的事物无疑是艺术描写的主要对象,但艺术中也包括符合社会发展规律的、生活中可能有而实际尚未出现的事物,这就要艺术家凭借自己丰富的想象在审美体验中获得的新感受,创造新形象。

第三节
艺术构思

　　艺术构思是艺术创作的重要环节，指艺术家以特殊的创意动机为引导，在审美体验和艺术发现的基础上，运用各种心理活动和形象思维，对生活素材进行选择、概括、加工、提炼，融和了艺术家的想象、情感等诸多因素，孕育并完成特定审美意象体系的一系列思维活动，是构建主客体交融的内在审美意象的过程。它是艺术家在深入观察、思考和体验生活的基础上，对素材加以选择、加工、提炼、组合，形成审美意象的过程。

一、艺术构思的特征

　　艺术构思在本质上是一种特殊的认识活动。它既要遵循人类认识的普遍规律，即从现象到本质，从个别到一般，从感性认识发展到理性认识，又具有自身鲜明的特点，始终是与对事物具体形象的感受联系在一起的。艺术构思伴随着艺术家主体强烈的情感活动和创作冲动，上承观察和体验生活，下接创作意象的物质化，从郑板桥"眼中之竹""胸中之竹""手中之竹"艺术创作的三阶段来看，艺术构思就是艺术家的"胸中之竹"阶段，是艺术体验的消化、去伪存真，是艺术作品诞生的前奏。

艺术构思的根本任务是创作艺术形象，其过程大致可分为形象的萌生、形象的孕育和形象的完成三个步骤。艺术构思受艺术家生活经验和艺术经验积累的制约，往往随着艺术家对生活和艺术认识的深化而有所变动，有时甚至出现原则性的变动。艺术构思在艺术创作中至关重要。不经过艺术构思，生活素材就无法升华为艺术，艺术传达也就失去了基础和前提。艺术构思的进展情况，直接关系到艺术创作的成败。不过，艺术构思的成功不等于艺术创作的成功。艺术构思完成的审美意象体系，还有待于恰当的艺术传达，才能转化为具体的艺术作品。在不同的艺术门类中，艺术构思常呈现出不同的特点。

艺术构思是将表象材料升华为审美意象的过程。艺术家必须具有丰富的想象力，没有想象就没有艺术创造，艺术构思的进行以创造性想象活动为标志，想象是使生活原型上升到艺术典型的中介。在想象的状态中，主体进入一种虚静状态，精神不受外界干扰，凝神专注于内心体验。主体对意识的这种"回收"，有利于潜意识领域的开发。现代心理学证明，在潜意识领域中，贮藏着大量的意象，当潜意识领域中的意象被唤醒时，它们便自由起伏，飘忽不定，使在意识水平上不能融合的意象得到豁然贯通，产生种种奇异的意象组合。所谓"创作灵感"现象正是潜意识在艺术构思时发挥其重要作用的阶段。

二、艺术灵感

20 世纪以来，在对艺术创造过程中潜意识溢出现象的研究方面，西方现代哲学论著在谈到一些艺术现象时多有涉及，像柏格森的生命哲学认为生命冲动、意志绵延、创造的进化等不能凭科学和理智，而只能通过直觉来认识，而直觉则是一种不可言喻的"内心体验"，即人的潜意识。此外，符号论美学、格式塔美学以及贝尔的形式主义美学等都论述到潜意识对艺术的影响。在潜意识与艺术的关系方面研究领域里真正有影响的是弗洛伊德和荣格。弗洛伊德的精神分析理论包括精神层次理论、人格结构理论、性本能理论、释梦理论和心理防御机制理论。精神分析理论奠定了潜意识研究的基础，对于整个心理科学乃至西方人文科学的各个领域，精神分析理论均有其深远的影响。

　　一般来说，艺术家在其作品创作过程中应保持一种思维清晰的状态，但也同时交织着理性与感性、有意识与无意识相互交融的状态，还会伴随出现一些超常态的心理状态，如模糊思维、神秘情绪、高峰体验等。而艺术家创造能力最高的时段则与潜意识喷发有关，艺术创作过程的潜意识被激发，往往会使艺术家展现出超乎寻常的创造力，它使得平时创作中倍感棘手的问题霎时迎刃而解，往往能有效突破原有的思维框架，从而创造出新的境界。

　　中外美术史上艺术家在思维浑浊状态下创作出优秀作品的例子不在少数，中国文人以酒助兴，借此开启潜意识来创作，产生了许许多多在大脑清醒状态下无法出现的世代流传的优秀佳作，特别体现在大写意绘画、狂草书法和诗词等艺术领域。达利宣称："我同疯子的唯一区别，在于我不是疯子。"他着意在创作时将自己变成与正常状态不一样的、失去

达利《伟大的自慰者》

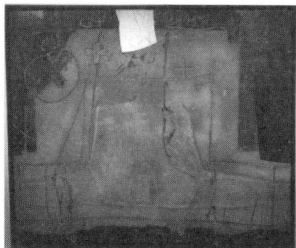

塔皮埃斯作品

赵无极作品

理智的状态，将受情感激发而产生的灵感转变为创作过程，为从潜意识心灵中产生意象。达利用一种自称为偏执狂临界状态的方法，在自己的身上诱发幻觉境界。塔皮埃斯则是这么描述他的创作过程的："当时我自己也不能理解为什么这么画，我只是身不由己随感觉而作画。"赫伯特·里德在研究毕加索时指出，画家晚年的绘画创作的某一特殊阶段，是凭借潜意识来构思形象的，画家在绘画时处于一种精神恍惚、如自我催眠般的状态，被一种迷狂的情绪所控制。赵无极在谈论自己的作品时多次使用了"不知道""我什么也没想""自然而然"等词汇，印证了在他绘画过程中大脑思维无法被主观意识控制的一面。美国抽象表现艺术家波洛克、德库宁、戈尔基的作品都表现出创作过程中潜意识流露的痕迹。波洛克表示："一旦我进入绘画，我意识不到我在画什么。只有在完成以后，我才明白我做了什么。"他的绘画作品是艺术家由情感所支配的行为的直接记录。

创作的欲望产生于艺术家渴望表达某种情感的心理动力，这种心理动力的产生来自两个方面：一是外部因素激活内部因素，我们每天通过视觉、听觉等都要将大量的信息摄入我们的表层意识，大脑将它认为的一些不重要的信息逐渐

波洛克作品

德拉克洛瓦素描

淘汰掉而将一些重要的信息存入潜意识库，潜意识库的库存量的多少决定于它提取的次数和质量。用中国的一句成语"厚积薄发"可以做最好的解释，它也是"量变到质变"的一个过程。某个环境和场景使你"触景生情"，这个"情"便是来自潜意识，如果没有长期积累，"情"就不易被调动。二是内部因素因积累过量而自动溢出，长期的知识（综合性的、包括对某一方面问题的长期思考）积累，导致大脑潜意识库信息存储过量而在某个时间突然喷发。它不需要由外部场景激发，是一种本能的、自发的喷发。它可以发生在与创作问题毫不相干的任何时间，可以在你吃饭时、睡觉时或是散步的时候。艺术家半夜睡觉时潜意识库突然迸发，灵感突现而迅速像疯子一样作画的例子不在少数，很多科学家的发明都是在经过成千上万次的努力后而"不经意"成功的。在对潜意识的研究上我们也可以明白这样一个道理，灵感是主观意识长期而大量地积累在潜意识板块，并最终导致潜意识能量的迸发而形成的精神现象。灵感是一种突发性的精神现象，它来得突然，去得也突然。画家们都有过这样的感受，灵感来了，艺术创作便处在极好的状态，画面气韵生动，题材信手拈来，能无法而生法，能无道而生道。

陆机《文赋》云:"若夫感应之会,通塞之纪,来不可遏,去不可止。"朱光潜先生也总结了灵感现象的三个特征:其一是它突如其来,出乎作者自己意料之外;其二是它是不由自主的,有时苦心思索而不能得到的,偶然在无意之中涌上心头,希望它来时它偏不来,不希望它来时却蓦然出现;其三是"它是突如其去的"。朱光潜先生说的有关灵感突发的这三个特点,说明它是主体意识无法预期和控制的,同时灵感对于艺术家来说,只是灵光一现,稍纵即逝。清·郎廷槐在《师友诗传录》谈论灵感:"古之名篇,如出水芙蓉,天然丽艳,不假雕饰,皆偶然得之。"又说:"当其触物兴怀情来神会,机栝跃如,如兔起鹘落,稍纵则逝矣。"所谓"灵感"即是潜意识的喷发现象,是创作思维过程中认识飞跃的一种心理现象。它是个人在对某一问题长期实践、思索探究之后,不断积累经验和知识而突然产生的富有创造力的精神现象。

中国科学家袁隆平指出:"灵感是知识、经验、追求、思索与智慧综合实践在一起而升华了的产物。"当灵感降临时,人的心情是紧张的、兴奋的,甚至可能陷入迷狂的境地。灵感爆发时,艺术家主体往往具有超常的创造力,这超常的创造力便是来自于积淀而成的潜意识。"得之在俄顷,积之在平日"(清·袁守定《占毕丛谈·谈文》),平日功夫下得越深,有关艺术创造的潜意识因素积淀得越多,隐含超常创造力的灵感现象就会越频繁地光顾。王羲之的"临池子书,池水皆黑"、杜甫的"读书破万卷,下笔如有神"等经验之谈无不在告诫后人,艺术的创造力来源于勤奋的实践,而艺术创造过程中的潜意识喷发也源于经验的积淀。艺术家在其艺术创作的生涯中莫不进行着实践与思考，当其经验积累到相当程度，潜意识库达到一定的饱和量的时候，"顿悟""妙悟""灵感"就会频繁出现，从而有利于艺术的创造。在这种状态下创作出的作品往往灵气十足、气韵贯通，如天造之作。

各个艺术门类的艺术构思呈现出不同的特点，绘画、文学艺术等主要用形象来思维，音乐、舞蹈等运用节奏、旋律、动作来思维，但在艺术构思中各种因素往往是相互结合、互起作用的。绘画用形象思维的同时，也必须运用节奏的因素来考虑物体在画面上的安排，运用旋律的因素考虑色彩在画面上的布局；文学作品既要考虑人物的外在形象，也要考虑人物的内在性格；像电影等综合艺术，几乎要将所有能用上的比如人物形象、人物性格、服装道具、灯光音响等因素在构思过程中予以考虑。

第四节
艺术传达

一、艺术传达的特征

艺术传达又称艺术表现或艺术表达，标志着艺术创作的最后完成。在艺术传达阶段，艺术家在一定世界观的指导下，遵循相应的创作方法，运用一定的物质媒介，在艺术构思的基础上，将自己头脑中孕育的审美意象具体地表现出来，形成艺术作品，它是将艺术家审美意象物态化的精神性与物质性相统一的实践活动。艺术作品作为艺术家内在思维的表现性形式，只有通过艺术传达才能获得其物质形式，才能成为人们所能感知的客体对象，从而在社会生活中发挥它独有的功能和作用。艺术传达以艺术构思为前提，是艺术构思的延伸；而艺术构思也要受到艺术传达方式的制约。艺术传达是一种创造性的实践活动，要求艺术家掌握一定物质媒介的性能和规律，掌握一定的艺术技巧和艺术手法，将艺术构思中形成的审美意象用物态化的形式确定下来，成为具体可感的艺术形象、艺术情境或形象体系。

在实际艺术创作过程中，艺术体验、艺术构思和艺术传达这三个阶段不是截然分开的。我们举画家创作一幅绘画作品为例：一般来说，画家通过观察、写生搜集了创作的素材，然后将这些素材进行选择、过滤、整理，大脑中有了一个粗略的作品轮廓，在将构思形成画作之前，画家必须考虑的还有作品的布局构图、作品材料的运用，在比较耗时的艺术传达阶段，画家可能会对前面的构思进行局部或整体的调整，甚至推翻先前的方案。另外，艺术作品的创作不同于一般物质产品的生产，在创作的过程中，往往会发生不可预知的偶然现象，而这些现象的发生是艺术家在创作构思阶段所未知的，它可能会导致艺术家的思维沿着这一偶然现象的轨迹方向发展，从而使作品的创作进入一个令人兴奋的新的空间。在艺术传达的过程中，更改艺术构思甚至再去进行有目的的艺术体验的现象屡见不鲜，在音乐创作中、文学写作中、电影拍摄中，艺术家往往会临时改弦易张，使作品的创作产生意想不到的效果。

二、艺术技巧

在艺术传达阶段，艺术构思传达效果的好与差与相应的艺术技能有着非常紧密的关系，艺术技巧的成熟往往是一个艺术家成熟的标志之一，但它和单一的技术技能又有着质的区别。技巧不同于技术。技巧中包含着技术，掌握了技术并不一定就有技巧。技术是指每门艺术合规则的专业技能，技巧则是建立在技术基础上的包含艺术领悟能力等的综合才能。

各种艺术门类有着本门类技能的要求，基本功属于艺术技能，但基本功不是艺术技能的全部。比如舞蹈的基本功要压腿，声乐需要练嗓子，绘画需要练习造型，钢琴手要练习指法等，一个成功的艺术家必须有深厚的基本功，基本功是艺术家终身要保持的一项本领。传说法国著名画家德拉克洛瓦每天都要进画室练习一会儿石膏素描，以保持自己的造型能力。中国的古话说：拳不离手，曲不离口，就是说明功夫的重要性。精湛的艺术技巧和表现才能不是一朝一夕的工夫所能达到的，必须长期坚持不懈地下苦功练习。南北朝时期的著名文学理论家刘勰"操千曲而后晓声，观千戈而后识器"，晋代书法家王羲之"临池学书，池水为墨"，唐代诗人杜甫"语不惊人死不休"，京剧表演艺术家盖叫天七十高龄仍坚持"冬练三九，夏练三伏"，画家的"废画三千""速写当用麻袋装"等，都揭示了艺术家成功背后的艰辛劳动。

艺术技巧不仅包含基本功，而且包含有思想与情感的成分，这才是艺术技巧真正的精髓。每位艺术家都应该有自己独特的艺术技巧，才会有自己独特的艺术风格。艺术技巧是自我完善的过程，虽然在这个过程中必须有借鉴、参考主体以外的经验的必要，但更重要的目的是形成自我系统，一个独一无二的艺术技巧体系。达芬奇、梵高、毕加索的作品其表现技法风马牛不相及，但并不妨碍他们都成为大师；齐白石、张大千、傅抱石的画法各不相同，也一样各领风骚。独特的技法形成独特的艺术形式，而且，在同一艺术门类里，这种区别越大越好。技能技法必须在主观审美意识、艺术观念、艺术情感的引领下，才能有目的、有方向的积累完善，反过来，技能技法的成熟也会促进审美能力的提高。"庖丁解牛"是中国著名的成语故事，庖丁切割牛的时候技法娴熟，有节奏，有韵律，犹如舞蹈，让梁惠王看得目瞪口呆。这个故事说明了"由技入道"的道理，实践加领悟，"官之止而神欲行"，在个人意识的引领下，技能技法熟练到一定的程度便可上升到一种艺术的境界。

技术掌握得越熟练越好，但没有品位的熟练往往使艺术家只能达到匠人的层次。禅宗说人生有三种境界：一、看山不是山，看水不是水；二、看山是山，看水是水；三、看山不是山，看水不是水，第三阶段不是第一阶段的简单还原而是一个更高的境界。艺术上同样也是一个轮回的道理，清朝思想家刘熙载在《艺概·书概》中言："学书者，始用不工求工，继由工求不工，不工者，工之极也。"中国的书法理论认为书法要"大巧若拙"，明清之际思想家、书法家傅山更是认为书法应"宁拙毋巧，宁丑毋媚"。在艺术发展到相当程度时，"拙"比"巧"难，"丑"胜于"媚"。艺术进步的关键有赖于思想的进步和艺术观的进步。一位艺术家的成长和一部美术史的演进一样，第一步，努力地描摹现实，面面俱到，想画像而画不像；第二步，经过持续的努力，已经具有惟妙惟肖地描摹对象的能力；第三步，超越了技术层次而着重表达艺术家的心理感受。有些画家因为艺术观的原因，也有的画家因为能力的原因，止于第二步而停滞不前。

艺术发展是硬道理，研究世界美术史时我们可以看到，欧洲18、19世纪已达到了写实造型能力的顶峰，涌现出一批在写实领域中世人永远无法企及的大师，这相当于上面说的第二步，19世纪中叶印象派兴起，野兽派出现，从塞尚、毕加索一直到20世纪的杜尚，艺术还在前进，而且是在另一个高度。毕加索说："我曾经能像拉斐尔那样作画，但我却花了毕生的时间去学会像儿童那样作画。""简单"是初级层次，而"简约"是高级层次，中间是漫长的积蓄期。

"返朴归真"是艺术表现的另一个规则，有修养的艺术家在其技艺达到一定程度后反而会主动地追求笨拙的表现语言。技能、技巧发展到一定程度之后，必须注重从量到质的提升，注重表现语言或形式的精神含量以及审美品位。技巧是艺术家利用其创造艺术作品的工具和方法而不是艺术本身，但也有的画家为了商业的利益，无尽地重复自己的作品，风格几十年如一日，作品华而不实，只有娴熟的技巧而没有实质的内容，这种现象是不足取的。

第五节
艺术作品

艺术作品的内容是指艺术作品的内在结构，包括题材、主题、细节、情节、情感、意蕴等。艺术作品的形式是指艺术作品的外在结构，包括艺术语言、艺术形象，艺术风格等。艺术作品的内容与形式是辩证统一的关系。一般来说，艺术作品的特征是：一、艺术作品必须是艺术家"刻意创造"的作品，具有审美性质；二、艺术作品必须具有艺术元素和独创性。

一、艺术作品的内容

任何事物和现象都有其特殊的内容和形式，艺术也不例外。艺术作品的内容指艺术本身所包含的内在意蕴，其构成因素分为两个方面：一方面是指物质形态，另一方面是指精神形态。所谓的物质形态即善于依据现实进行物象的塑造，讲求现实意义，它构成了具象的、现实主义的作品内容，主要体现在文学、绘画、雕塑、电影等艺术门类；而精神形态则是指建立在现实基础上的感知与体验所赋予的主观意象，是对事物的情感化理解，有时，一定的艺术形式也会对特定的人群自动产生精神意义上的内容，它具有意向性、复杂性、变异性等特点，主要体现在音乐、绘画等艺术门类上。一般说来，构成艺术内容的要素有题材、主题、人物、情节、环境等。

就艺术作品的内容而言，它是一种复杂化、多样化的思想表达，在具体艺术创作中既有单独表达现实物象的作品，也有表现纯粹主观感受的作品，而且二者并非绝对化与概念化，就绘画艺术而言，一幅作品中往往具象因素与抽象因素同在，精神与物质相互融合。即使是抽象的艺术作品，艺术家的创作灵感也会受现实物象的影响，而反映现实的作品肯定也有作者主观情感的因素。某种意义上说，一幅作品要有一个好的内容，而好的内容必须有主观的创造力、有情感的参与，这样才会产生生动鲜活的内容，才会形成深刻而有力度的内容。在文学、电影中需要有情节、故事、主角配角、环境气氛，当然前提是在题材主题这根主线的串引下。这些组成了作品的内容，观众个体会对它进行有选择的理解、过滤、吸收，从而形成自己的判断。"一千个读者就会有一千个哈姆雷特"，即使是铁板钉钉的事实，每个个体也会有不同的理解，这正是艺术作品的魅力所在，也说明艺术作品的内容是精神性的。

随着时代的发展，对艺术作品内容的定义也在发生着变化。比如在绘画创作中，19世纪之前的作品多以记事性与情节性为主，艺术家利用绘画的视觉直观性，再现或虚拟某场景来达到感动观众的目的。法国画家雅克·路易·达维特于1805-1807年期间创作的《拿破仑一世加冕大典》就真实记录了1804年12月2日在巴黎圣母院举行的国王加冕仪式。拿破仑为了巩固帝位，让罗马教皇庇护七世亲自来巴黎为他加冕，目的是借教皇在宗教上的巨大号召力，让法国人民以至欧洲人民承认他的"合法地位"。在加冕时，拿破仑拒绝跪在教皇前让庇护七世加冕，而是把皇冠夺过来自己戴上。达维特画此场面的时间节点选在之后皇帝给皇后加冕的后半截场面上，画面上突出了拿破仑的中心位置，身穿紫红丝绒与华丽锦绣披风的他已经戴上了皇冠，双手正捧着小皇冠，准备往跪在他面前的皇后约瑟芬的头上戴去。约瑟芬身后的紫红丝绒大披风由两个贵族妇女提着。在拿破仑的背后坐着那位教皇庇护七世，他默认这一情景。整个画面构图宏大、场面壮观、气势庄严、金光闪烁、富丽堂皇，人物多达百人，有宫廷权贵、大臣、将军、官员、贵妇、红衣主教与各国使节，每个人物的目光均集中在拿破仑身上。史学家与文学家都可以通过现在还高挂在卢浮宫的这幅油画讲述历史或进行情节描绘。俄国批判现实主义画家列宾的著名油画《伊凡雷帝杀子》也通过对典型环境和典型人物的描写来显示人物之间的性格冲突。这是发生在16世纪的一个历史悲剧，伊凡雷帝是俄罗斯历史上第一位沙皇，从历史的角度看他是一位出色的政治家、军事家、外交家，虽然阻力重重，大力推行了一系列利于中央集权的改革，备受后来彼得大帝的推崇。但伊凡雷帝生性残暴，为达目的不择手段，他听了别人的逸言，怀疑儿子篡位，在一次与儿子的争吵中，伊凡雷帝使用

《拿破仑一世加冕大典》局部

列宾《伊凡雷帝杀子》

列宾《查波罗什人写信给土耳其苏丹王》

蒙德里安作品

权杖击中儿子的太阳穴，致使儿子最终丧命。画家选择了伊凡雷帝在权杖击中儿子的头部后这样一个情节精心描绘，他搂抱着鲜血如注而即将垂死的儿子，睁大恐怖、悔恨交加的双眼，儿子则面色苍白，奄奄一息，而这一幕父杀子的惨剧已无可挽回。列宾的绘画注重人物性格的表现，还有他反映革命者被流放后回家的作品《意外归来》中人物惊讶的眼光，《查波罗什人写信给土耳其苏丹王》中哥萨克人用嘲笑挖苦土耳其王的语言，逗得众人大笑不止的场景描写。上述案例作品的画面构图及人物安排都突出了典型环境、典型人物与典型瞬间这样一个艺术创作原则，作品内容一目了然，具有文学的特征和讲故事的功能。

另外一类作品的内容则不那么直截了当，需要受众（观众、听众、读者）慢慢品味和感悟。其实，要真正读懂和完整理解任何种类的艺术作品，都与个人的因素是分不开的，叙事性作品的艺术内容中环境情节等描写看似易懂，但对整体的理解就会因人而异。就拿用文字符号表达的文学来说，一篇写实风格小说的内容好理解，而一首中国古诗词的内容则需要接受个体的联想；听懂一首流行歌曲较易，而理解一部交响音乐的内容则难；看一幅写实绘画较易，而领会一幅抽象绘画的内容则难。20世纪以来，各类艺术都有要纳入受众一同参与作品的倾向，同时需要受众有一定程度的艺术修养。《4分33秒》（首演于1952年）是约翰·凯奇最著名的音乐作品，是无声的音乐。该作品为任何种类的乐器以及任何数量的演奏员而作，共三个乐章，总长度4分33秒，乐谱上没有任何音符，唯一标明的要求就是"Tacet"（沉默）。作品的含义是请观众认真聆听当时的寂静，体会在寂静之中由偶然所带来的一切声音。这也代表了凯奇一个重要的音乐哲学观点：音乐最基本的元素不是演奏，而是聆听，这也是他作品的内容。在一些现代以及当代艺术作品中，内容是不可被文字语言描述的，听觉语言、视觉语言是不能被文字语言取代的。我们往往会看到一些人说看不懂非具象的绘画或现成品艺术，就是看不懂它所含的视觉语言内容，而这种所谓的内容已经与作品的形式合为一体，"内容"演化成一种"精神感悟"。

二、艺术作品的形式

艺术结构和艺术语言是艺术作品形式的基本因素。艺术结构是艺术作品内部的组织安排和构造，也是作品的结构，是按需要把作品丰富复杂的内容组织成有机的艺术整体的一种艺术手段。结构要服从表现主题思想的需要，服从刻画人物性格的需要，结构要合乎情理，又出人意料、新颖独创、富有趣味。结构要使各部分之间有分有合，变化统一，组织成为不可挪动或分割的有机整体。艺术作品既要虚实相生，留有余地，也要保持结构的完整性。艺术语言是指艺术家反映生活或主体情感，塑造艺术形象所使用的表现手段，也是构成艺术作品形式的物质手段。它可分为三种类型：写实的语言、夸张的艺术语言和曲折隐喻的艺术语言。艺术语言要能准确、鲜明、生动地表现作品的内容与内涵，要丰富多彩、精炼含蓄、言有尽而意无穷，要有个性化特征。

所谓完美的艺术形式，是指恰到好处地体现了艺术内容的形式，它与特定的内容实现了内在有机的统一，与艺术内容具有高度的适应性，达到了"但见情性，不睹文字""有血痕无墨痕"的境地。所谓艺术的形式美，则是指艺术的物化形式符合审美规律和审美要求。艺术的物质材料除作为艺术内容的体现者之外，还有它自身的材料及结构方面的审美特性，有它特殊的审美要求和规律的规范，这就是外部的形式美问题。前者更多地属于作品内部的组织结构方面，后者更多地属于作品外在的物质形式。显然，合目的的内部组织结构必须通过合规律的外在物质手段来体现，二者是密切联系的。如果以为诗可以不讲究韵律和节奏的美，雕刻可以不讲究结构的样式化的美，绘画可以不讲究色彩、线条的美，演员可以不讲究形体的美，那么受到损害的就不仅是外部形式，而且是整个艺术形象。所谓形式感则是形式美在造型艺术中的独特体现和要求，形式感是指从事物的形和线的复杂状态中抽出最基本的形状所引起的审美感觉，如把物体看成圆球、环状、长方、波状、三角、倒三角等，而物体不同的形状能给人以庄严的、活泼的、伟大的、渺小的等各种不同的感觉。

进入现代，形式美不再局限于经典认识论中关于内容与形式的一般论述，这种探究对于艺术及其本性的认识和理解具有崭新的意义。

形式是指事物与现象内容要素的组织构造和外在形式。艺术作品的形式可分为：一是内形式，即内容的内部结构和联系；二是外形式，即由艺术形象所借以传达的物质手段所构成的外在形态。在任何艺术作品中，内形式与外形式是结合在一起的，只有通过一定的艺术形式，艺术作品的内容才能够得到表现。审美形态是指与现实社会生活相联系的审美表现领域，其集中形态是文学、音乐、戏剧、绘画、雕塑等艺术活动。审美意识形态在意识形态中具有特殊性，它一方面被看做意识形态中的富于审美特性的种类，另一方面又渗透着社会生活以及其他意识形态的因素，与它们复杂地交织在一起。因此，审美意识形态不是审美与意识形态的简单相加，而是指在审美表现过程中审美与社会生活状况相互浸染、彼此渗透的状况。

第九章
艺术形式及其审美形态

第一节
形式美的不同定义

作为重要的范畴，形式美一直是西方美学史与艺术哲学中极其关注的问题，同时这也是一个仁者见仁、智者见智的问题。关于什么是形式的问题源远流长，可一直追溯到古希腊早期，又可后延至后现代思想家。但各个时期的观点都是不同且相互区分开来的，这种区分折射出了思想自身的变化。

一、古希腊：形式作为本质

古希腊的哲学家与美学家认为，美是形式，倾向于把形式作为美与艺术的本质。在毕达哥拉斯学派看来，艺术产生于数及其和谐，而这和谐就关涉形式的问题。柏拉图将具体的美的事物与"美本身"区分开来，那么，具体的艺术作品作为美的东西，只能是美本身的赋予和对美本身的摹仿，艺术则是摹仿的摹仿，与真理相隔三层。柏拉图把形式分为内形式与外形式，这里的内形式指艺术观念形态的形式，它规定艺术的本源和本质；而外形式则指摹仿自然万物的外形，它是艺术的存在状态的规定。亚里士多德认为，任何事物都包含"形式"和"质料"两种因素，在他看来，形式是事物的第一本体，由于形式，质料才得以成为某确定的事物。在亚里士多德看来，摹仿是所有艺术样式的共同属性，也是艺术与非艺术相区分的标志。当然不同的艺术样式摹仿的形式也是不一样的。总之，毕达哥拉斯学派、柏拉图和亚里士多德均认为，形式是万物的本原，因而也是美的本原。

二、中世纪：形式的神秘化

中世纪的主流文化是基督教文化，在中世纪，上帝成为美与一切艺术的规定性，实践理性成为思想的规定性，从而与古希腊重视现实生活相区分。从古代至中世纪，西方美学与艺术哲学进入一个新阶段，这一时期的美学被纳入神学之中，表现为柏拉图学说、普罗提诺的新柏拉图主义与基督教思想的结合。普罗提诺强调了形式在美的产生过程中的作用，这一点正如克罗齐对他的评论中所说："被表现为石块的美不存在于石块之中，而只存在于对它进行加工的形式之中，所以，当形式完全被印在心灵里时，人工的东西比任何自然的东西都美。"奥古斯丁是中世纪重要的思想家与美学家，他一生的美学思想经历了较大的变化。关于形式美的问题，奥古斯丁基于亚里士多德的整一性和西塞罗关于美的定义，认为美是整一或和谐，仍然坚持美在形式的传统观点。在奥古斯丁皈依基督教以后，他从基督教神学的立场来看待美，认为美的根源在上帝，上帝是美本身，是至美，绝对美，无限美，是美的源泉。他还受毕达哥拉斯学派的影响，认为现实事物的美即和谐、秩序和整一，而这又归根结底是一种数学关系。美在完善，而完善又基于尺寸、形式与秩序，大有强调形式之倾向。与奥古斯丁一样，托马斯·阿奎那也是从神学出发来阐发其美学思想的。关于什么是美的问题，他也认为，美首先在于形式。同时还认为，美是可感的，只涉及形式，无涉内容，不关联欲念，没有外在的实用目的。但丁继承了阿奎那的神学与哲学思想，也接受了其神学美学的基本观点，认为美在于各部分的秩序、和谐与鲜明。总之，这一时期有把形式神秘化的倾向。

三、近代：纯形式与先验形式

近代美学时期是指从文艺复兴延至 19 世纪末，真正意义上的美学始于近代。在近代，"形式"已成为美学中一个独立的范畴，并自觉地与理性地上升到艺术本质的高度。自文艺复兴始，人性得到了复苏与高扬，理性成为思想的规定性，这种理性是一种诗意（创造）理性而有别于古希腊的理论理性和中世纪的实践理性。作为"美学之父"的鲍姆嘉通把美学规定为感性学，同时他也十分强调秩序、完整性与完美性。笛卡儿的哲学思想为近代思想奠定了基础，他力图从主客体的认识关系来把握美。英国的经验主义与大陆的理性主义分别从各自的维度提出美学思想。作为德意志唯心主义美学的奠基人，康德提出并阐发了他的"先验形式"概念，认为审美无涉利害，与对象的存在和质料无关，美基于对象的形式，从此出发，康德把美与崇高相区分，认为与美基于形式不同，崇高是无形式的，因为它是混乱的、不规则的与无秩序的。在康德那里，真、善、美之间有了明晰的分界，艺术也不等同于真理，康德为西方形式美学的发展奠定了重要的思想基础。黑格尔认为，美是理念的感性显现，那么理念作为内容，则感性显现就属于形式。在黑格尔那里，美的

梵高作品

罗丹作品

艺术的领域属于绝对心灵的领域，而自由是心灵的最高的定性。他说："按照它的纯粹形式的方面来说，自由首先就在于主体对和它自己对立的东西不是外来的，不觉得它是一种界限和局限，而是就在那对立的东西里发现它自己。"黑格尔力图从这种对立中去发现自由。总之，在近代，西方形式美学得到了极大的发展，尤其是在把形式作为纯粹的与先验的方面。这种影响远远超出近代经验主义美学关于审美经验和审美意识的思想。

四、现代：超越形式回归存在

在现代，存在作为美的规定性，美学思想在存在之维度与境域上展开。同时西方形式美学又有了新的发展，如结构主义美学、分析美学与格式塔心理学美学等的产生。贝尔认为，一切视觉艺术都必然具有某种共同性质，没有它，艺术就不成其为艺术，而艺术的这种"共同的性质"在贝尔看来就是"有意味的形式"。真正的艺术就在于创造这种有意味的形式。这种有意味的形式，既不同于纯形式，也有别于内容与形式的统一。格式塔心理学美学的代表阿恩海姆在其《艺术与视知觉》中把美归结为某种"力的结构"，认为组织良好的视觉形式可使人产生快感，一个艺术作品的实体就是它的视觉外现形式。以塞尚为代表的后期印象主义艺术既强调形式感，也看重色彩感。现代美学倾向于把美看成是情感的形式，但这种观点也有自身的问题，难免被超越。马克思的思想无疑是属于现代的，马克思的美学思想无疑也是现代美学的一个重要方面，或者说具有现代意义。由此，关于美与艺术的一些根本问题已走出传统的限制，进入存在领域。

五、后现代：形式的解构

由现代转向后现代乃是西方思想自身的发展使然，在这一思想的历程中，思想的规定性由存在变成了语言。后现代消解了近现代的审美理念与艺术思想，其思想的根本特征是解构性的，表现为不确定性、零散性、非原则性、无深度性等。如果说现代美学还在存在境域中关注形式的话，那么后现代主义则坚持强烈的反形式倾向。在利奥塔看来："后现代应该是一种情形，它不再从完美的形式获得安慰，不再以相同的品位来集体分离乡愁的缅怀。"后现代不再具有超越性，不再对精神、终极关怀、真理、美善之类的超越价值感兴趣，而是转向开放的、暂定的、离散的、不确定的形式。在后现代思想中，传统的审美标准与旨趣不再有不可置疑的意义。艺术与非艺术、美与非美之间也不再有根本性的区分，从而导致了一种反其道而行之的思想风格，即文化、文学、美学走向了反文化、反文学与反美学，而复制、消费和无深度的平面感正在成为时尚。后现代艺术成为行为与参与的艺术，似乎不再需要审美标准与艺术合理性。后现代反对中心性、二元论以及体系化，消解了传统和现代美学思想与艺术理论的基本观点，当然也力图去解构审美的一切形式规则。

第二节
形式美所涉及的重要关系

从以上的论述可以看出，形式美的问题一直是重要而又颇具争议的问题。该问题关涉与形式相关的一系列问题，这一系列关系及其问题揭示了形式美的一些重要方面，对它们的梳理无疑会有助于深化对形式美及其关联的认识。

一、形式与质料的关系

在亚里士多德看来，柏拉图的理式论不能说明事物的存在，因为柏拉图的理式与个别事物是相分离的。亚里士多德认为，要说明事物的存在，就必须在现实事物之间寻找原因，而这可归结为质料、形式二因。所谓的"质料因"就是事物的"最初基质"，即构成每一事物的原始质料，也就是"事物所由形成的原料"，如铜像的铜、泥人的泥等。而"形式因"则是指事物的本质规定。在亚里士多德看来，质料是潜能，形式是现实，二者的关系是潜能与现实的关系。形式作为主动的、积极的成因，在质料的形式化过程中，给质料以规定，使质料成为现实个体。质料有待于形式的赋形。在视觉艺术的质地美中，形式与质料实现了紧密的结合。一个事物的光滑、粗糙、坚硬、柔软，只有既基于质料又符合审美的形式要求时才成为美。形式作为事物之本质、定义、存

列维坦作品

在和现实，显然与作为事物的潜能的质料相区别，但又不可能脱离质料而存在。那么，显然这样的关系有别于传统认识论意义上的内容与形式的关系。杜夫海纳在美学形式与逻辑形式比较的基础上来阐释美学形式，他认为，在逻辑中，形式不是一个对象的形式，不再与质料密切相关。而一种美学的形式永远应该使质料具有形式，与对象密切相关，但这形式自身却不是对象。但形式与质料在生成美的过程中的关联，仍然是一个十分难解的问题。

二、形式与符号的关系

在艺术创作与审美活动中，形式与符号也发生着密切的关联。卡西尔的符号形式美学集中与典型地表述了与之相关的思想。卡西尔认为，人与动物之间的根本区分在于，动物只能对信号作出条件反射，而只有人才能把信号改造成有意义的符号。在卡西尔看来，科学、艺术、语言与神话等则是不同符号形式的人类文化的方面。符号的一个重要特性在于摆脱直觉当下给予的感性世界。科学基于依托在理性之上的抽象化，而艺术则关注个体性与具体化，因而艺术的符号也应有别于科学符号，它力图避免概念化与逻辑推理，以此为想象和解释留下空框。与科学进行的概念式的简化和推演式的概括不一样，艺术不穷究事物的性质或原因，而是给我们以对事物形式的直观。卡西尔把作为纯粹形式的艺术符号与其他符号形式区分开来。而在苏珊·朗格看来，"艺术符号是一种有点特殊的符号，因为虽然它具有符号的某些功能，但并不具有符号的全部功能，尤其是不能像纯粹的符号那样去代替另一件事物，也不能与存在于它本身之外的其他事物发生联系。"这里的问题是，艺术符号与指代符号有何关系？区分在什么地方？艺术符号又是如何体现美与艺术的形式的呢？这些都有待于人们的不断解答。

三、形式与感性的关系

在席勒看来，感性冲动与形式冲动是人固有的天性，感性冲动基于人的感性本性，把人置于时间之中，而形式冲动来自理性。他进而认为，只有在第三种冲动即游戏冲动之中，人才能恢复完整的人性。黑格尔力图把感性与美的本质关联起来，他说："感性观照的形式是艺术的特征，因为艺术是用感性形象化的方式把真实呈现于意识，而这感性形象化在它的这种显现本身里就有一种较高深的意义，同时却不是超越这感性体现使概念本身以其普遍性而成为可知觉的，因为正是这概念与个别现象的统一才是美的本质和通过艺术所进行的美的创造的本质。"然而，黑格尔毕竟还是把美基于理念之上。从19世纪下半叶开始，西方美学思想发生了显著而又重要的变化。一直被人们所崇尚的思辨理性主义遭受了普遍怀疑，而人的直观感性开始得到重视。其实，早在 18 世纪，德国美学家鲍姆嘉通创建美学学科的时候，就在感性学的意义上关注美的问题。从此之后，形式与感性的关系就一直是美学研究中的重要问题。费希特以来，在审美与艺术研究中，"自下而上"的方法得到了广泛应用，审美经验受到了重视。实用主义美学家和机能心理学派的创始人杜威认为，艺术即经验，把美与艺术作为经验的存在来看待，桑塔耶纳也是如此。而"格式塔"概念更强调这种经验的整体性。贝尔的"有意味的形式"是一种"审美的感人的形式"。卢梭反对所有古典主义和新古典主义传统的艺术理论，他认为："艺术并不是对经验世界的描绘或复写，而是情感和感情的流溢。"他更重视艺术与情感的关联，而形式与感性的关联中是否涉及以及如何涉及情感则是值得注意的问题。

第三节
形式与艺术本性的关联

　　形式是美与艺术的内在表征方式，它与艺术本性发生着深刻的关联，从而揭示与彰显出艺术与美的存在。从形式美的思想历程以及关联形式的各个方面来看，形式对艺术的规定存在着难以克服的问题，形式与艺术本性的关联是异常复杂的。

一、形式作为艺术的规定及其问题

　　从古到今，关于什么是美以及艺术的本性是什么的问题一直困扰着历代的美学家和艺术哲学家。其中主要有以下基本观点，如古希腊亚里士多德与柏拉图的摹仿说认为艺术是对现实的摹仿；康德、席勒认为艺术是自由的游戏；黑格尔更强调艺术美，认为美是绝对理念的感性显现；列夫·托尔斯泰、克罗齐认为艺术是情感的表现；别林斯基、车尔尼雪夫斯基认为艺术是对现实的形象认识；在贝尔那里，艺术是"有意味的形式"；卡西尔、苏珊·朗格认为，艺术是情感的符号；在弗洛伊德、荣格那里，艺术成为无意识的表现；英伽登认为，艺术是多层次的意向性客体等，而马克思则在生产劳动中来规定美与艺术。这些观点，都是对美与艺术思想的丰富，都力图从各自的角度去揭示艺术的本性。当然，各个观点与思想之间还存在着不少差异，这本身就说明美与艺术本性的问题的艰难性与复杂性。人们总是通过形式去感受具体事物的，艺术作为美的典型体现，其中的艺术美也是感性的，并关切情感。把形式价值摆在审美价值首位的人们认为，那些没有获得统一性和形式感的艺术和美是无根基的。在亚里士多德看来，形式创造了差异，而这是质料所无能为力的，他把美规定为形式，艺术之为艺术不在质料而在形式中。形式已成为美和艺术的规定和根据，而正是形式使美和艺术成为可能。

进入现代，有别于德意志唯心主义，形式不再由内容所决定，内容与形式也不再构成真正有意义的问题，形式本身就融会了所有内容的那些因素，形式与内容的简单二分与线性决定本身就是近代经典认识论的产物，它制约了对形式的充分揭示。因此，只有走出内容与形式的樊篱，才能显现形式所蕴含的朦胧的、宽泛的意味，在贝尔看来，形式所蕴含的意味不同于内容，也有别于思想主题，在这里，题材并不是第一位的了，作为形式要素的节奏韵律具有了心理意味。

二、形式与艺术本性关联的复杂性

形式是彰显艺术本性不可或缺的要素吗？形式是如何与艺术本性关联的？能否这样说，形式对艺术本性的揭示在不同的艺术存在那里是通过不同的方式与途径完成的，美术主要凭借视觉上的形式美如色彩美、光线美、线条美、质地美、结构美等；而音乐则基于听觉上的形式美。还有许多其他的艺术门类，这些门类之内尚有各种各样的子类，它们所表现的形式美既有共通性，又存在着不小的差异。真正美的艺术离不开这种形式，这对于许多现代艺术来说也是如此。问题只是在于随着艺术的变迁，关于什么是形式的看法也在发生变化，而不一定是真正完全取消形式。当然，关于形式究竟是如何与艺术本性发生关联进而揭示艺术本性，存在着巨大的解释空间。无疑，形式美为人们带来了情感上的满足与精神上的享受。相关于艺术本性的形式显然不是外在的，而是深刻的、内在化了的，而且不同的艺术家对待形式的态度也是不一样的。真正的形式也并不是单纯与简单的摹仿，正如黑格尔所说："艺术的目的一定不在对现实的单纯的形式的摹仿，这种摹仿在一切情况下都只能产生技巧方面的巧戏法，而不能产生艺术作品。"不同的形式通过艺术作品对艺术本性的揭示既是多元的，又是独特的，不具有简单的可比性，因此，我们常说出色的艺术作品都是唯一的，具有不可替代性。

纵观艺术发展史，各种各样的思潮与流派此起彼伏，组成了浩浩荡荡、群星灿烂的洪流，自古至今不曾停息。艺术之所以那样魅力四射，是因为它有着丰富多彩的形式和无休止的变化，哪怕是在谈论"艺术已经死亡"的西方，艺术还在健康地活着，还在不断地产生新的观念和形式。艺术的生命就在于不拘泥于一个统一的模式，不局限于一个固定的思维状态，艺术与人类共存，艺术也随社会而发展，艺术思潮与艺术流派就是艺术发展过程中的推动力。而艺术风格则是艺术家个人的个性表现，成熟艺术家的艺术风格具有相对的稳定性，但也有将历史上类似艺术流派的俗称为艺术风格，如巴洛克风格等就是一个艺术流派。艺术流派是艺术风格、艺术主张相似的艺术家群体，而艺术思潮是在哲学层面指导下的几个或多个艺术流派所形成的一种艺术潮流。

艺术风格、艺术流派和艺术思潮的关系是：在一个艺术流派中的创作主体具有各自的艺术风格；艺术流派往往指某一个艺术门类中的派别，如印象派、后印象派；艺术思潮却常常包容各个艺术门类中的多个流派，如古典主义、现实主义、超现实主义等。艺术流派侧重艺术史的角度，艺术思潮侧重社会历史的角度。

第十章
艺术风格、艺术流派与艺术思潮

第一节
艺术风格

　　艺术风格，指艺术家或艺术团体在艺术实践中形成的相对稳定的艺术特色、格调和气派。它是艺术家鲜明独特的创作个性的体现，统一于艺术作品的内容与形式、思想与艺术之中。艺术风格是艺术家走向成熟的重要标志，是衡量艺术作品在艺术上的成败、优劣的重要标准和尺度。艺术风格可分为艺术家风格和艺术作品风格两种。由于艺术家世界观、生活经历、性格气质、文化教养、艺术才能、审美情趣的不同，因而有着各不相同的艺术特色和创作个性，形成各不相同的艺术风格。艺术作品风格是作品内容与形式的和谐统一中所展现出的总的思想倾向和艺术特色，集中体现在主题的提炼、题材的选择、形象的塑造、体裁的驾驭、艺术语言和艺术手法的运用等方面。它有时指某一艺术作品的风格，有时指一系列艺术作品所表现出来的总的格调。艺术家风格和艺术作品风格有着不可分割的密切关系，艺术家风格要具体落实到艺术作品上，艺术作品的风格直接根源于艺术家的风格。

　　艺术风格的主要特征是：个体性与社会性相统一；稳定性与变异性相统一；一致性与多样性相统一。此外，艺术风格还常常具有鲜明的民族特色和时代特色。中外艺术史上，我们可以看到，每个民族的艺术总是具有某些共同的特征，体现出本民族的审美理想和审美需要，形成艺术的民族风格。在艺术风格的民族特色中往往还有地区或地域的特点，如在我国，南方的艺术与北方的艺术、黄土高原的艺术与江南水乡的艺术都带有本地区的特点。每个时代的艺术也常常具有某些相似之处，形成艺术的时代风格，这是由于人们在一段时期内受到共同的影响，有着比较接近的审美趋向。17 世纪的欧洲艺术与 20 世纪的欧洲艺术也存在着明显的差别。从某种意义上讲，这种民族风格或时代风格体现出艺术风格的一致性，它与艺术风格的多样性一道，共同形成了辩证统一的关系，使艺术风格既有多样性，又有一致性。艺术风格的多样性与一致性往往互相联系、互相渗透。正是由于艺术风格既有多样性，又有民族特色和时代特色，才使得艺术的宝库琳琅满目，异彩纷呈。

任何一个艺术门类，我们都可以从中发现多种多样的艺术风格。任何一位出色的艺术家，我们都可以发现他与众不同、具有个性的艺术风格。艺术风格多样性的形成，有着多方面的原因，主要来自以下几个方面。

第一，艺术风格的多样性首先来自艺术家独特的创作个性。艺术生产作为一种特殊的精神生产，必然要在艺术作品上留下艺术家个人的印记。艺术家作为艺术生产的创作主体，他的性格、气质、禀赋、才能、心理等各方面的种种特点，都很自然地会投射和熔铸到他所创作的艺术品之中，通过创造性劳动使主体对象化到精神产品之中。

第二，艺术风格的形成更离不开艺术家独特的人生道路、生活环境、阅历修养和艺术追求。正因为如此，艺术在创作过程中，从题材的选择到主题的提炼，从艺术结构到艺术语言，

马列维奇抽象作品《白底上的黑色方块》，1913

马列维奇抽象作品《白色上的白色》，1918

法国凡尔赛宫巴洛克风格的室内装饰

哥特式风格建筑

拜占庭风格建筑

都体现出鲜明的创作个性。也正因为如此，艺术家从艺术体验到艺术构思，直到艺术传达和表现，始终具有自己独特的审美体验、构思方式和表现角度，从而形成自己的艺术风格。

第三，艺术风格的多样性，还来自审美需求的多样化。由于欣赏主体存在不同的社会层次、文化层次，属于不同的民族、不同的地区，造成审美需要的千差万别，反过来刺激和推动着不同艺术风格的形成。

我们至今还可以看到欧洲地区遗留下来的两种不同风格的建筑，拜占庭风格与哥特风格。拜占庭艺术是从 4 世纪到 15 世纪以君士坦丁堡（即古希腊城市拜占庭）为中心的拜占庭帝国（即东罗马帝国）和基督教会相结合的官方艺术。其风格特点是罗马晚期的艺术形式和以小亚细亚、叙利亚、埃及为中心的东方艺术形式相结合，有浓厚的东方色彩。哥特式建筑以其高超的技术和艺术成就在建筑史上占有重要地位。哥特风格不仅反映在建筑方面，其他艺术门类中也有哥特式风格，如哥特文学、哥特音乐。在建筑上，哥特风格的特色就是高大的梁柱和尖拱形的天花板与结构。在文学上，哥特是用以形容那些以黑暗寂寞地点（如荒废城堡）为背景

德国洛可可风格

的奇异、神秘之冒险故事。20 世纪 80 年代出现的哥特音乐则有如下特点：阴暗、颓废、冰冷，有恐怖的气氛，让人感到压抑和绝望，表现出对死亡和黑色的向往。

巴洛克艺术是 16 世纪后期开始在欧洲流行的一种艺术形式。巴洛克一词来源于葡萄牙语，意思是一种不规则的珍珠。巴洛克艺术代表整个艺术领域，包括音乐、绘画、建筑、装饰艺术等。其基本特点是讲究形式美，追求热烈华丽的色彩，崇尚豪华气派，注重情感的表现。它既具有宗教的特色，又有享乐主义的色彩，强调艺术家的丰富想象力。运动与变化是巴洛克艺术的灵魂。

洛可可艺术风格是 18 世纪继巴洛克艺术风格之后发源于法国并很快遍及欧洲的一种艺术样式。其是在法国贵族阶层日益衰落、中产阶级日渐兴盛的社会背景下发展而成，在形成过程中还受到中国艺术的影响，特别是在庭园设计、室内设计、丝织品、瓷器、漆器等方面。与此同时，洛可可风格也影响到室内装饰、建筑、绘画、雕刻以至家具、服装等，其总体艺术特点是纤巧、精美和浮华。

第二节
艺术流派

　　艺术流派，是指在一定历史时期里，由一批思想倾向、美学主张、创作方法和表现风格方面相似或相近的艺术家们所形成的艺术派别。这些艺术派别的形成有时是自觉的，有一定的组织形式或共同宣言，有时是不自觉的，仅仅因为创作风格类型的相近而组合在一起。这些艺术派别有的局限于一种艺术门类或体裁，有的则包括不同艺术门类或体裁的艺术家。艺术流派是艺术发展过程中的产物，是在艺术论争和创作实践中逐渐形成、发展和变化的。形成艺术流派的先决条件是必须具有一定数量的艺术家队伍和较为丰富多样的艺术表现手段。

马蒂斯野兽派作品《舞蹈》

　　艺术流派有以下三种类型：第一种是由一批具有相同艺术主张的艺术家们自觉结合而形成的艺术流派。他们或者有一定的组织和名称，或者有共同的艺术宣言，甚至与其他艺术流派展开论争，以宣传自己的艺术主张。第二种是由一批艺术风格相近或相似的艺术家们不自觉而形成的艺术流派，这些艺术派别一般没有统一的组织或纲领，也没有共同的艺术宣言。这些艺术流派的形成也有多种多样的原因，有的是由于某一地区集中了一批艺术风格相近似的艺术家，因而自然而然地形成了某一艺术流派。第三种是艺术家们本身并没

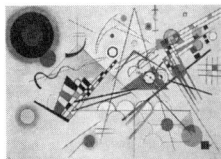
康定斯基抽象作品《构成第8号》

蒙德里安抽象作品《红黄蓝构图》

有形成流派的计划或意愿，甚至自己并没有意识到属于某一流派，只是由于艺术风格的相似或相近，被后世人们在艺术鉴赏或艺术批评中将其归纳为特定的流派。

20世纪以来，现代美术呈现出流派迭起、千姿百态的局面。1905年诞生的以马蒂斯为代表的野兽派绘画，强调形的单纯化和平面化，追求画面的装饰性。1908年崛起的以布拉克和毕加索为代表的立体派绘画继承了塞尚的造型法则，将自然物象分解成几何块面，从而从根本上挣脱了传统绘画的视觉规律和空间概念。随着德国1905年桥社和1909年蓝骑士社的先后成立，表现主义作为一种重要流派登上画坛，此派绘画注重表现画家的主观精神和内在情感。1909年在意大利出现了未来主义美术运动，此派画家热衷于利用立体主义分解物体的方法表现活动的物体和运动的感觉。抽象主义的美术作品大约于1910年前后产生，其代表画家有俄罗斯画家康定斯基和荷兰画家蒙德里安，而两人又分别代表着抒情抽象和几何抽象两个方向。

毕加索立体派作品《弹曼陀铃的少女》，1910

毕加索的立体派作品《亚维农的少女》

第三节
艺术思潮

艺术思潮是指在一定历史时期和一定地域内，随着社会的发展以及艺术自身的发展，在艺术领域里形成的具有影响的艺术思想和艺术创作潮流。它是社会思潮的构成部分之一，是各种不同倾向、风格、流派的艺术家和理论家共同推动的一种发展艺术、影响艺术史的思想潮流。就历史过程中的某个时期或某个阶段涌现的艺术思潮来说，则具体地表现为大体上同一倾向、风格、流派的艺术家群所发动。它的兴起，无论是先已在若干艺术创作中现出端倪，还是后来才在艺术创作中迅速展开，一般是由提出某种与现有艺术理论不同甚至对立的理论主张或口号而激发的。它以其理论和创作的独特性和新颖性争取社会认同，结合同仁并形成流派，在与现有的不同倾向的论争或竞逐中达到一个相应的高度。

1920年DADA展海报

作为社会思潮的构成部分，艺术思潮的产生和发展有着深刻的社会历史根源和文化思想根源。但艺术思潮是一种艺术现象，它是艺术自身内部的规律性运动和发展。不同的艺术思潮在矛盾斗争中共同促进艺术的繁荣和发展。一种新的艺术思潮的产生往往影响到该时期艺术观念和艺术创作方法的变更，从而导致新的艺术流派的诞生。但是，艺术思潮与艺术流派并不是简单的对应关系。在同一艺术思潮影响下，

杜尚的《蒙娜丽莎》

往往有几种不同的艺术流派并存，在同一艺术思潮内部，也会有不同的艺术流派。

达达主义思潮产生于第一次世界大战期间，此派艺术家不仅反对战争、反对权威、反对传统，而且否定艺术自身，否定一切。杜尚将达芬奇的《蒙娜丽莎》画上胡须，并将小便池作为艺术品，便是达达主义思想的体现。随着达达主义运动消退，在此基础上出现了超现实主义艺术思潮。1924年，作家布列顿发表了第一篇超现实主义宣言，宣称超现实主义将致力于探索人类经验的先验层面，力求突破合乎逻辑与真实的现实观，尝试将现实观念与本能、潜意识与梦的经验相糅合，以展现一种绝对的或超然的真实情景。超现实主义运动以其充满幻想色彩和异国情调的奇特风格对20世纪美学产生了重要影响。超现实主义以柏格森的直觉主义、弗洛伊德的精神分析学和梦幻心理学为理论基础，力图展现无意识和潜意识世界。达利等超现实主义画家往往把具体的细节描写与虚构的意境结合在一起，表现梦境和幻觉的景象。超现实主义思潮还包括超现实主义电影、超现实主义文学和超现实主义摄影等艺术流派。

汉娜·霍克《用达达餐刀切除德国最后的魏玛啤酒肚文化纪元》

蒙克表现主义作品《呐喊》

现代主义是20世纪最重要的艺术思潮之一，现代主义艺术最早从康德的先验唯心主义武库中汲取了养料，同时又受到现代哲学思潮，特别是尼采、弗洛伊德、柏格森、荣格、萨特等人的哲学、心理学的强烈作用。尼采的学说不仅对德国的表现主义运动起过推动作用，也对整个现代主义的文艺运动产生了很大影响。尤其是他否定权威，主张发挥以人的意志、本能为基础的创造力，对无意识和本能的推崇等，在现代主义的各个流派的理论和实践中都有所反映。现代

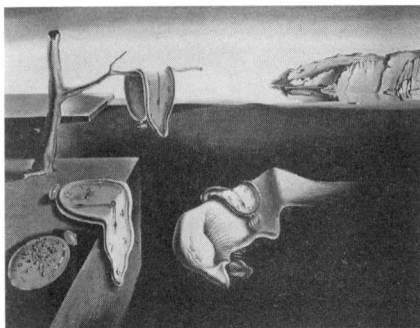
达利超现实主义作品《记忆的永恒》，1931

主义思潮影响极为广泛，几乎涵盖音乐、绘画、建筑、文学诗歌、电影等所有的艺术门类。现代主义思潮中艺术流派众多，例如表现主义、抽象表现主义、未来主义、象征主义、野兽派、意象派、意识流、黑色幽默、存在主义、魔幻现实主义等。第二次世界大战后在美国产生的以波洛克、德库宁为代表的抽象表现主义绘画，综合了抽象主义、表现主义的特点，强调画家行动的自由性和自动性。20世纪50年代初萌发于英国、50年代中期鼎盛于美国的波普艺术，继承了达达主义精神，作品中大量利用废弃物、商品招贴、电影广告和各种报刊图片作拼贴组合，故又有新达达主义的称号。而20世纪70年代兴起的超级写实主义运动，其主要特征是利用摄影成果，进行客观的复制和逼真的描绘。除上述之外，可以归入现代艺术范畴的还有偶发艺术、大地艺术等，其许多艺术活动已经超出了美术的范围。

超写实主义的雕塑作品

劳申伯格作品

未来派作品《系着皮带的狗》，1912

后现代主义是20世纪60年代以来在西方出现的具有反西方近现代体系哲学倾向的思潮。后现代主义是一个从理论上难以精准下定论的概念，因为后现代主义的主要理论家均反对以各种约定成俗的形式来界定或者规范其主义。由于后

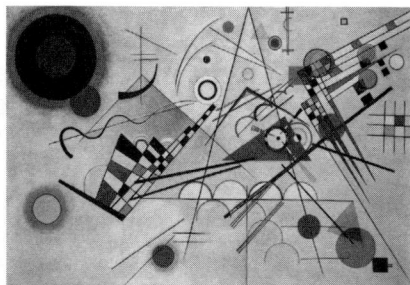

理查德·埃斯蒂斯超级写实作品《巴士的倒影》，1972　　康定斯基抽象作品《构成第8号》

现代主义的反本质主义，根本不考虑艺术的本质，而是竭力抹杀艺术与非艺术的界限，宣称生活本身就是艺术，人人都是艺术家，甚至断言"艺术已经死亡"。在文艺创作风格上，后现代主义并不是一个具体、单一的风格，也不因为作品的时代而界定为后现代主义，而且很难以后现代主义的哲学理论来强行规范艺术创作，由于后现代主义对于创作主题和创作形式都有颠覆性的新思维，令风格很难一致。当今艺术的发展似乎验证了德国哲学家黑格尔的预言，他推断随着艺术进程的发展，艺术最终将让位于哲学。后现代主义更偏重于思想观念，偏重于文本释义，是由多重艺术主义融合而成的派别，因此要为后现代主义进行精辟且公式化的解说是无法完成的。因为这个术语过于模糊，后现代主义可能指女性主义、解构主义、后殖民主义中的一个或几种。

后现代主义是起源于现代主义内部的一种逆动，是对现代主义纯理性的反叛，现代主义与后现代主义在风格上更是两个极端，它与现代主义有如下几个区别：哲学上，现代主义是以理性主义、现实主义作为哲学基础，而后现代主义则是以浪漫主义、个人主义为哲学基础；思想上，现代主义

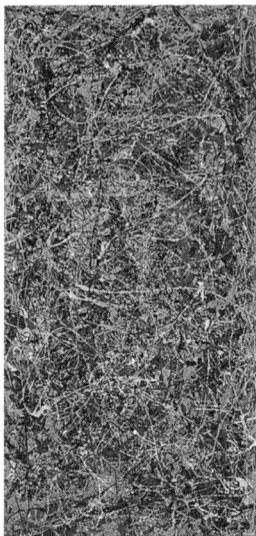

波洛克抽象表现主义作品《第5号》，
1948

表现主义绘画

强调对技术的崇拜、功能的合理性与逻辑性，后现代主义则
推崇高技术、高情感，强调以人为本；方法上，现代主义遵
循物性的绝对作用，标准化、一体化、产业化和高效率、高
技术，后现代主义则遵循人性经验的主导作用，时空的统一
性与延续性，历史的互渗性及个性化、散漫化、自由化；在
艺术设计语言上，现代主义遵循功能决定形式，少就是多，
后现代主义遵循形式的多元化、模糊化、不规则化、非此非
彼、亦此亦彼、此中有彼、彼中有此的双重译码，强调历史
文脉、意象及隐喻主义。

没有艺术创造与艺术作品就没有艺术鉴赏和艺术批评，对于艺术作品来说，艺术鉴赏和艺术批评对艺术作品产生了积极的作用，有着重要的意义。按照"接受美学"（Receptional Aesthetic）的概念，一件作品，即使印成书，在读者没有阅读之前，也只是半完成品。所以也可以这样说，没有艺术鉴赏和艺术批评，艺术作品就失去了存在的价值。当艺术作品通过流通环节展现在受众面前时，对它的接受与评判过程就是艺术鉴赏和艺术批评活动。艺术鉴赏是一种以艺术作品为对象、以受众为主体的欣赏活动，是接受者在审美经验基础上对艺术作品进行感受、理解和评判的过程。艺术批评则是根据一定的思想立场和美学原则和理论体系，对艺术作品为中心的一切艺术现象进行理性分析和审美判断的创造性活动。

第十一章
艺术鉴赏与艺术批评

第一节
艺术鉴赏

　　艺术鉴赏，又称艺术欣赏，指人们在接触艺术作品的过程中产生的审美评价和审美享受活动，也是人们通过艺术形象（意境）去认识客观世界的一种思维活动。在艺术鉴赏过程中，感觉、知觉、表象、思维、情感、联想和想象等心理因素都异常活跃。人们正是在这多种心理因素的综合作用下接受、理解并把握艺术作品的，并从中得到某种思想上的启迪和艺术上的享受。艺术鉴赏以具有美的属性的艺术作品为对象，并伴随着复杂的情感运动，实际上是人类审美活动的一种高级、特殊的形式。

一、艺术鉴赏的基本特点

　　艺术鉴赏的特点是：感性认识（情）与理性认识（理）相统一；教育与娱乐相统一；享受与判断相统一；制约性与能动性相统一；共同性与差异性相统一；审美经验与"再创造"相统一。在艺术鉴赏中，鉴赏者不是被动、消极地接受艺术形象的感染，而是能动、积极地调动自己的思想认识、生活经验、艺术修养，通过联想、想象和理解去补充和丰富艺术形象，从而对艺术形象和艺术作品进行"再创造"，对形象和作品的意义进行"再评价"。可以这么说，如果没有鉴

张择端　清明上河图

米勒现实主义作品《拾穗》

赏中的再创造和再评价，也就没有真正意义上的艺术鉴赏。
艺术鉴赏的过程是由浅入深的，大致上经历了感官的审美愉
悦、情感的审美体验到理性的审美超越这三个层次。艺术鉴
赏是艺术批评的基础，也是艺术作品发挥社会功用的必然途
径。艺术鉴赏的社会功能是多方面的：它能满足人们的审美
需要，提高鉴赏者的审美能力；它能培养人们的品德，提高
他们的思想，陶冶他们的情操；它能开发人们的智力，增加
智慧，拓宽认识；它是一种积极的娱乐方式，能娱情怡神，
促进人们的身心健康等。

二、艺术鉴赏的基本条件

（1）艺术品必须是具有审美魅力、审美内涵、审美价
值的审美对象。同时，艺术品通过鉴赏主体的审美再创造活
动，才能真正发挥它的社会意义和美学价值。

（2）鉴赏者必须是具有一定艺术素养、文化知识、生活
阅历、审美能力的审美主体。鉴赏主体在艺术欣赏活动的过
程中，应积极主动地进行审美再创造。

（3）鉴赏者必须和审美鉴赏对象之间建构起相应的审美关
系。从最根本的意义上讲，艺术鉴赏同艺术创作一样，也是人
类自身主体力量在审美活动中的自我肯定与自我实现。

三、艺术鉴赏的能力培养

（1）艺术鉴赏力的培养与提高，离不开大量鉴赏优秀作品的实践。经常大量鉴赏优秀的艺术作品，更是直接有助于人们艺术修养与鉴赏力的培养与提高。

（2）艺术鉴赏力的培养与提高，离不开熟悉和掌握艺术的基本知识和规律。

（3）艺术鉴赏力的培养与提高，离不开一定的历史、文化知识。

（4）艺术鉴赏力的培养与提高，离不开相应的生活经验与生活阅历。

（5）美育与艺术教育在培养和提高艺术鉴赏力方面具有特别重要的地位与作用。

德国慕尼黑阿萨姆教堂洛可可风格的室内装饰

美国当代艺术家劳曼作品

四、艺术鉴赏的心理取向

1. 艺术鉴赏中的多样性与一致性

艺术鉴赏中的多样性是客观存在的，它反映出人们精神生活需要的多样性。艺术之所以包括文学、戏剧、电影、音乐、舞蹈、美术等许多不同的门类，正是为了满足人们在艺术鉴赏方面的多样性要求。而在每一个艺术门类中，又有许多不同的体裁和样式。艺术世界又是多姿多彩的，人们的鉴赏需求和审美趣味也是多种多样的。所以，在艺术鉴赏的多样性中又可以发现某种一致性，一致性正是寓于多样性之中。

法国凡尔赛宫巴洛克风格的室内装饰

2. 艺术鉴赏中的保守性与变异性

鉴赏主体审美经验中的定向性期待，是指人们的鉴赏

莫奈《教堂》

瑞典画家佐恩水彩作品

修拉新印象主义作品《大碗岛星期日的下午》

趣味习惯于按照某种传统的趋向进行，具体表现为鉴赏活动中，人们的种种偏好与选择以及各种不同的欣赏方式与欣赏习惯，常常具有某种定势或趋向。这些不同的倾向和方式往往与观众的文化层次和美学修养有关，也经常带有时代与民族的共同特色，这就是艺术鉴赏中的保守性。变异性则指鉴赏主体审美经验的创新性期待，指随着时代的前进和社会生活的变化以及国际文化交流的发展和大众审美水平的提高，从而使得人们的欣赏习惯与审美趣味发生的变化。

五、艺术鉴赏的审美心理

1. 注意

鉴赏艺术作品，显然离不开"注意"的心理功能。艺术鉴赏的最初阶段就需要鉴赏主体的整个心理机制进入一种特殊的审美注意或审美期待状态，从日常生活的意识状态进入到艺术鉴赏的审美心理状态之中，使主体从实用功利态度转变为审美态度。在艺术鉴赏中，"注意"这个心理功能还有另外一个重要作用，这就是把感知、想象、联想、情感、理解等诸多心理要素指向并集中于某一特定的艺术作品，并且保持相当一段时间的注意稳定性。

2. 感知

艺术鉴赏心理是以感知为基础的，它包含感觉和较复杂的知觉。艺术鉴赏活动的真正开始是感知艺术作品。艺术作品首先是以特殊的感性形象作用于人们的感觉器官，艺术之所以区分为视觉艺术（如绘画）、听觉艺术（如音乐）等，正是由于这些艺术门类采用了不同的艺术媒介和艺术语言，因而作用于人们不同的感觉器官。审美感知在表面上是迅速地和直觉地完成的，但它却是人的一种积极主动的心理活动，在感知的后面潜藏着鉴赏主体的全部生活经验，还有联想、想象、情感、理解等多种心理因素的积极参与。

马蒂斯野兽派绘画《舞蹈》

3. 联想

联想可以分为接近联想、相似联想、对比联想、因果联想、自由联想和控制联想等。联想在审美心理中有着不容忽视的地位和作用。通过联想，不仅使得艺术形象更加鲜明生动，而且能使感知的形象内容更加丰富深刻，从而使艺术鉴赏活动不只是停留在对艺术作品感性形式的直接感受上，而且能够更加深入地感受到感性形式中蕴含的更为内在的意义。比如在音乐欣赏中，联想这一心理活动便大量存在。艺术鉴赏中的联想必须以艺术作品和艺术形象作为依据，不能离开作品的内容和情绪。这种联想应当是在作品的启发下，针对艺术形象而进行。

英国画家培根作品

4. 想象

艺术创作不能离开想象，艺术鉴赏离开了想象，也同样无法进行。艺术鉴赏活动中的想象与艺术创作活动中的想象二者之间既有联系又有区别。作为想象，二者都是飞跃的，不受时间和空间的限制，变化无穷，具有能动性和创造性。但是，前者又必须在后者的基础上进行。鉴赏主体的想象必须以艺术作品为依据，只能在作品规定的范围和情境中驰骋想象，艺术作品对鉴赏活动的想象起着规定、引导和制约的作用。

P070亨利·摩尔雕塑

5. 情感

艺术鉴赏中，情感作为一种审美心理因素也有着非常重

毕加索《亚维农少女》

德国艺术家基弗作品

要的地位与作用。强烈的情感体验，正是审美活动区别于科学活动与道德意识活动的显著特点。艺术鉴赏活动中，情感总是以注意和感知作为基础。心理学认为，人的情感总是针对特定的对象而产生的。世界上没有无缘无故的情感，日常生活中人们常会"触景生情"，在艺术鉴赏中也有这种情形。艺术鉴赏中的情感又与联想和想象密不可分。一方面，联想和想象常常受到鉴赏主体情感的影响；另一方面，这种联想和想象又会进一步强化和深化情感。因此，鉴赏中的联想与想象总是以情感作为中介的。

法国《支撑表面》艺术展作品

6. 理解

艺术鉴赏心理中的理解因素并不是单独存在的，而是广泛渗透在感知、情感、想象等心理活动中，构成完整的审美心理过程。因此，审美心理中的理解因素不同于通常的逻辑思维，而是往往表现为一种似乎是不经思索直接达到对于艺术作品的理解。艺术审美心理中的理解因素至少有以下三层含义：首先，对于艺术作品内容的鉴赏离不开理解因素；其次，对于艺术作品形式的鉴赏离不开理解因素；最后，对于每一部艺术作品内在意蕴和深刻哲理的认识，更不能脱离理解因素。

2017年在巴黎展出的当代艺术

六、艺术鉴赏的审美过程

1. 审美直觉

所谓审美直觉，是指人们在审美活动或艺术鉴赏活动中，对于审美对象或艺术形象具有一种不假思索而即刻把握与领悟的能力，聚精会神地观赏它，全部身心沉浸在审美愉悦之中。

审美直觉的重要特点是直观性和直接性，直观性是指鉴赏主体必须亲身参与和直接感受；而直接性常常表现为一种不假思索地直接把握或领悟，这种把握或领悟又常常是在一瞬间完成，无须通过逻辑判断或理性思维。

法国当代艺术作品

法国艺术家苏拉吉作品

2. 审美体验

作为整个审美过程的中心环节，艺术鉴赏中的审美体验，是指鉴赏主体在审美直觉的基础上，达到艺术审美活动的高潮阶段。调动再创造的想象力和联想力，激起丰富的情感，全身心地进入到艺术作品之中，获得心灵的审美愉悦，把外在作品中的艺术形象转化为鉴赏者自身的生命活动。审美体验阶段主要是鉴赏主体反作用于艺术作品，整个心理活动处于一种主动状态，体现为一种积极的审美再创造活动。在审美体验中，鉴赏主体的审美想象越丰富，审美理解越透彻，那么他的审美情感就会越强烈、越深刻。

3. 审美升华

作为艺术鉴赏活动的最高境界，审美升华是指鉴赏主体在审美直觉和审美体验的基础上，达到一种精神的自由境界，通过艺术鉴赏的审美再创造活动，在艺术作品和艺术形象中直观自身，从而引起审美愉悦，产生物我相融的精神美感。

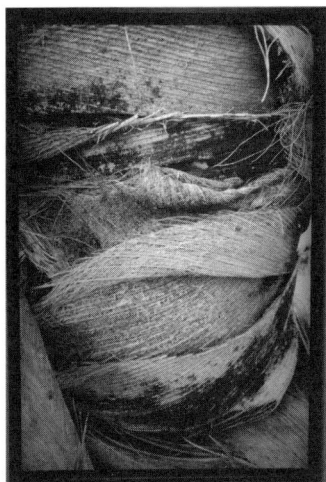

法国当代摄影家莫拉德摄影作品　　　　金属雕塑作品

　　总之，艺术欣赏是一种认识活动，它遵循人类认识活动的一般规律，有一个由浅入深、由表及里、由不全面到全面、从感性认识到理性认识的过程。同时，这个过程不是只有一次就停止，它总是从感性认识到理性认识，再由理性认识到感性认识，不断循环往复，一次比一次深化，一次比一次得到更多的认识成果。不过，艺术欣赏这种认识活动是一种相当复杂的思维现象，而且由于欣赏者的思想水平、生活经验和艺术感觉的不同，欣赏活动就因人而异。虽然艺术欣赏是一个有规律可循的有着不同阶段的认识活动，但是，在具体的欣赏过程中，感性认识和理性认识阶段又是很难截然划分的。在感性阶段，也常常伴有一定的分析、比较、判断等理性活动；在理性认识阶段，又总是离不开集体、个别的艺术形象，始终伴随着具体生动的艺术形象，这一点同科学中的理性认识阶段是不同的。

第二节
艺术批评

　　艺术批评指在艺术欣赏的基础上，运用一定的理论观点和批评标准，对艺术现象所作的科学分析和评价。艺术批评的对象包括一切艺术现象，诸如艺术作品、艺术运动、艺术思潮、艺术流派、艺术风格、艺术家的创作以及艺术批评本身等。其中心是艺术作品。艺术批评既可以指一种活动，也可以指这种活动的结果。艺术批评离不开艺术鉴赏，但二者有根本的差别，艺术批评有助于不断提高特定社会结构中鉴赏群体的艺术素质和鉴赏能力，有助于充分发挥在艺术生产流通过程中的信息反馈和正向调节作用。

　　艺术批评是对艺术作品及艺术活动、艺术现象进行理性分析、评价、判断的艺术学科活动。艺术批评从一定的立场和观念出发，在对作品进行比较分析的基础上，探讨作品的深层意蕴，重建作品内部的各种因素，并对作品与社会生活、文化环境、意识形态、艺术历史之间的关系进行比较分析，从而得出作品的意义、价值、得失的评判，阐明由作品引发的艺术规律性问题。艺术批评是建立在艺术欣赏基础之上，具有客观性、科学性和实用性的一门学科，集创造性、接受性、中介性于一体，并互相联系，共同构成了艺术批评的特征。

艺术批评是以艺术欣赏为基础的，也就是说艺术批评是由艺术创作、艺术欣赏发展起来的，但艺术批评一旦形成，它就会作用于艺术创作和艺术欣赏。即艺术批评按照一定的社会理想，根据一定的批评标准，对艺术作品的是非、善恶、美丑做理论上的鉴别和论断，对艺术创作和艺术欣赏直接地起着指导作用。因此艺术批评和艺术欣赏有着密不可分的联系。艺术批评也像艺术创作一样，是一种创造性的精神活动，需要有所发现，有所创造，这样才能对艺术发展有所帮助，对欣赏者有所启发。剖析作品的思想内容和艺术成就，充分揭示其社会意义，及时肯定艺术家的创作经验，指出不足，促使艺术走上正确的轨道，这是艺术批评的一个重要作用。从这个意义上说，没有艺术批评，就不会有真正意义的创作繁荣。艺术批评通过对艺术品的分析评价，帮助欣赏者认识蕴藏在作品里的深刻思想意义和艺术价值，对于一些极端的作品，也可以通过艺术批评，帮助欣赏者树立正确的欣赏观和识别能力，通过舆论导向使艺术的发展更贴近社会及民族价值观念。

一、艺术批评的特点

艺术鉴赏带有更多的感性活动的特点，艺术批评则是以理性活动为特征的科学分析、论断活动。艺术批评是艺术界的主要评判方法之一，是"百花齐放，百家争鸣"方针在艺术活动中的具体体现。开展正确的艺术批评，可以帮助艺术家总结创作经验，提高创作水平；可以帮助艺术鉴赏者提高鉴赏能力，正确地鉴赏艺术作品；还可以使各种艺术思想、创作主张、艺术流派、艺术风格相互交流和争论。由于艺术批评者总是根据一定的世界观、审美观和艺术观对艺术现象作出分析和评价，因而带有很强的主观意识成分。艺术批评应尽可能运用正确的立场、观点和方法，贯彻"百花齐放、百家争鸣"的方针，遵循实事求是的原则，对艺术现象作出合乎实际、恰如其分的分析和阐释，以推动社会主义艺术的繁荣和发展。

真正的艺术批评是指有独立思考、有判断评价的一种活动，其主观性大于客观性，体现了批评者个人的强烈个性和态度。越是具有独立态度和观点的批评，越是具有批评的价值和可读性，那种四平八稳、八面玲珑的批评并不是批评。从汉语的广义字面而言，批评与评论并没有严格区别，实质上两者完全不同，它们的区分不是由概念来决定的，而是由客观事实和具体现象所决定。批评是以质疑、否定、批判为核心主体，它们的主要作用在于对狭隘与差错的纠正；评论则是一种阐释、肯定的主体模式，也是一种常见的传统批评，目的在于提高鉴赏水平。现代意义上的艺术批评是由传统上的文艺评论发展而来，广义上隶属于评论范围，由于批评不是一般性评论，从而突显了它的特殊形态。也就是说，艺术发展对理论学术的要求越来越高，使批评必须永无止境地处于自我完善进行态，成为艺术学理论体系中不可缺少的重要一环。因此，评论与批评在形态上已难以一致，它们之间的互相制约、彼此对立有利于学术思想的内部完善。

艺术批评在不同领域需要不同的专业知识，像美术批评与常规的美术评论以及史论研究，它们之间存在经验知识上的普遍共性，只是批评通过否定、质疑、批判作为功能模式，同时对阐释性评论加以批判性论证。艺术批评具有科学性，艺术批评家需要在艺术鉴赏的基础上，运用一定的哲学、美学和艺术学理论，对艺术作品和艺术现象进行分析与研究，并且作出判断与评价，为人们提供具有理论性和系统性的知识。艺术批评的这种科学性特点，使得它必然要从社会科学和自然科学的各学科中吸取观点、理论和方法，呈现出多元化和综合化的趋势。艺术批评又具有艺术性，艺术批评作为一门特殊的科学，与其他的科学不同，它既需要冷静的头脑，也需要强烈的感情，既离不开理性的分析，更离不开艺术的感受。艺术批评必须以艺术鉴赏中的具体感受为出发点，因而优秀的批评家应当具有敏锐的感知力、丰富的想象力和强烈的情感体验，这样才能从整体上真正认识和把握作品。

二、艺术批评的作用

1. 提高鉴赏能力和鉴赏水平

艺术作品深刻的思想内涵和真正的艺术魅力，常常不是一下子就能领悟和把握到的，这就需要艺术批评来发现和评价优秀的艺术作品，指导和帮助人们进行艺术鉴赏。

2. 通过对艺术作品的评价，形成对艺术创作的反馈

艺术创作是一种复杂的精神生产，艺术家需要广大读者、观众、听众和批评家的帮助，才能深刻地认识自己，不断地提高自己。

3. 丰富和发展艺术理论，推动艺术的繁荣发展

艺术批评的主要任务是对艺术作品的分析和评价，同时

也包括对于各种艺术现象（如思潮、流派）的考察和探讨。一方面，艺术批评必须以一定的艺术理论做指导，利用艺术史研究提供的成果。另一方面，艺术批评总是通过分析新作品，评论新作家，发现新问题，总结新经验，从而不断丰富和发展艺术理论和艺术史的研究成果，使艺术理论和艺术史从现实的艺术实践中不断获取新的资料和新的素材。

三、艺术批评的原则

1. 技术原则

其一是看这个作品有没有表达好作者的原意，受众是否容易对其产生歪曲。这里有几点问题要特别注意：首先，对艺术品的欣赏往往也要涉及其产生的历史背景人文环境等，批评应该是放在正确的背景下进行的，否则批评本身就是对艺术品的歪曲；其次，有的艺术品表达的只是作者不具体的某种感情，所表达的主观世界往往是不具体的，但并不代表它不确切。其二就是艺术品形式美的问题，成功的技术手段创造了艺术品的形式美，而艺术品的思想往往依附于这种形式来表达，是这两者的中介，它既承载了思想又吸引了受众。形式美引发受众感官上的愉悦，为创造欣赏者的情感愉悦打下基础。形式受制于技术，同时作者的创作意图也决定了形式，重要的是形式能不能很好地调和这两方面的要求并创造出形式美。

2. 意识原则

意识原则即看这个作品想要表达的主观世界本身好不好。一件艺术品不可能独立于人性之外而存在，因为它是艺术家内在世界外化的产物，因此它必然是人性的产物，而它所摹写的艺术家的主观世界本身就是人类的思考和感受。只有这种思考和感受对人类全体有利的时候，艺术家利用艺术品表达其内在世界的全部过程才是有意义的。而看一件艺术品是否符合人类全体利益的标准就是看它是否符合人性，或者是只有描写了或者符合人性的作品才体现了对人类自身的终极关怀。

四、艺术批评和艺术理论

艺术批评和艺术理论有密切联系，但又有明显区别。艺术批评所注意的直接对象是个别的、现实存在的艺术作品，艺术理论所研究的直接对象是艺术的一般规律和原则；艺术批评的对象主要是批评家同时代的艺术作品，艺术理论的对象主要是过去的艺术作品，是艺术遗产；艺术批评偏重于评价，艺术理论偏重于认识；艺术批评往往具有主观的、论战的色彩，艺术理论则是冷静的、客观的研究。这样，艺术批评有四个主要特点：是对个别的、现实存在的艺术作品的批评；侧重于现代时，而不是过去时，是对批评家同时代的艺术作品的批评；偏重于评价，旨在确定艺术作品的艺术价值；具有强烈的论辩的、情感的色彩。

参考文献

【1】科林伍德. 艺术原理［M］. 北京：中国社会科学出版社，1987.

【2】西方美学家论美和美感［M］. 北京：商务印书馆，1980.

【3】美学译文2［M］. 北京：中国社会科学出版社，1982.

【4】M・李普曼. 当代美学［M］. 北京：光明日报出版社，1986.

【5】朱光潜. 朱光潜全集（第六卷）［M］. 合肥：安徽教育出版社，1990.

【6】朱光潜. 西方美学史［M］. 北京：人民文学出版社，1982.

【7】克莱夫・贝尔. 艺术［M］. 北京：中国文艺联合出版公司，1984.

【8】李泽厚. 美的历程［M］. 北京：文物出版社，1982.

【9】普列汉诺夫. 论艺术［M］. 北京：三联书店，1973.

【10】万书元. 艺术美学［M］. 北京：高等教育出版社，2006.

【11】刘子川. 艺术设计与美学［M］. 北京：高等教育出版社，2011.

【12】甄影博，曹峻川. 哥特建筑与雕塑装饰艺术［M］. 南京：江苏凤凰科学技术出版社，2015.

【13】贡布里希. 范景中译. 艺术发展史［M］. 天津：天津人民美术出版社，2006.

【14】北京大学哲学系美学教研室. 西方美学家论美和美感

［M］．北京：商务印书馆，1982.

【15】伍蠡甫，等．西方文论选［M］．上海：上海译文出版社，1979.

【16】埃萨·皮罗宁．方海，东方檀译．论建筑［M］．北京：中国电力出版社，2018.

【17】卡西尔．人论［M］．甘阳译，上海：上海译文出版社，1985.

【18】苏珊·朗格．情感与形式［M］．刘大基，等，译．北京：中国社会科学出版社，1986.

【19】汉斯·斯鲁格．维特根斯坦［M］．张学广译．北京：北京出版社，2015.

【20】朱狄．当代西方美学［M］．北京：人民出版社，1984.

【21】彭锋．艺术学通论［M］．北京：北京大学出版社，2016.

【22】布洛克．现代艺术哲学［M］．腾守尧译．成都四川人民出版社，2005.

【23】车尔尼雪夫斯基．生活与美学［M］．北京：人民文学出版社，1959.

【24】库尔贝［M］．北京：人民美术出版社，1960.

【25】罗丹艺术论［M］．北京：人民美术出版社，1978.

【26】宗白华．美学与意境［M］．北京：人民出版社，2009.

【27】孙津．西方文艺理论简史［M］．北京：陕西人民出版社，1986.

后记

　　本书适用于艺术类和非艺术类大学生使用，也可供对艺术有兴趣者饭后茶余阅读，目的在于增加艺术修养，拓宽艺术视野。随着时代的不断进步，当代科学技术的迅猛发展已使得我们生活的世界发生了深刻的变化，艺术也必然要随着时代的进步而变化，一些传统的思维和艺术观念也必然要受到影响。所以，在高等院校的艺术教育中，应该反映出与时俱进的教学态度，使艺术教育跟上时代的步伐。书中作者本人的某些观点，如有不妥恳请读者指正。

姜松华　教授

2021 年 10 月于南京